DIETA
MINDFULNESS

ANDY PUDDICOMBE

DIETA
MINDFULNESS

Alimentación consciente
con el Método Headspace

Traducción de
M.ª Carmen Escudero Millán

MADRID - MÉXICO - BUENOS AIRES - SAN JUAN - SANTIAGO
2014

© 2012. Andy Puddicombe. *The Headspace Diet.*
© 2014. De esta edición, Editorial EDAF, S. L. U. Jorge Juan, 68. 28009, Madrid, por acuerdo con Hodder & Stoughton Ltd., 338 Euston Road, London, NW1 3BH, Inglaterra.
© De la traducción, M.ª Carmen Escudero Millán.

Diseño de la cubierta: Gerardo Domínguez.

Headspace y el Método Headspace es una marca registrada.

Advertencia de la editorial

Este libro proporciona información sobre posibles métodos preventivos y de cuidado de la salud y autoayuda. Todo aquel que decida aplicarlos lo hace bajo responsabilidad propia. El objetivo de la autora y del editor no es el de diagnosticar o proporcionar recomendaciones terapéuticas. Los métodos descritos en este libro, así como los ejercicios explicados, no están destinados a sustituir el tratamiento médico profesional para los problemas de salud.

Editorial Edaf, S. L. U.
Jorge Juan, 68. 28009 Madrid, España
Tel. (34) 91 435 82 60 - Fax (34) 91 431 52 81
http://www.edaf.net
edaf@edaf.net

Algaba Ediciones, S.A. de C.V.
Calle 21, Poniente 3223, entre la 33 Sur y la 35 Sur
Colonia Belisario Domínguez
Puebla 72180, México
Teléfono: 52 22 22 11 13 87
edafmexicoclien@yahoo.com.mx

Edaf del Plata, S. A.
Chile, 2222
1227 Buenos Aires (Argentina)
edafdelplata@edaf.net

Edaf Antillas / Forsa
Local 30 A-2
Zona Portuaria Puerto Nuevo
San Juan PR00920
(787) 707-1792

Edaf Chile, S. A.
Coyancura, 2270, oficina 914. Providencia
Santiago, Chile
edafchile@edaf.net

Julio de 2014

ISBN: 978-84-414-3432-5
Depósito legal: M-19178-2014

PRINTED IN SPAIN   IMPRESO EN ESPAÑA
COFÁS

Índice

Agradecimientos

Siempre me han emocionado el apoyo y la generosidad que recibimos en Headspace y me gustaría dar las gracias a todos los que han contribuido a la redacción de este libro, nos han ayudado e inspirado. En particular, me gustaría expresar mi agradecimiento:

Al doctor Judson Brewer, neurocientífico de la Yale Medical School, por su asesoramiento, su apoyo y su agudo prólogo.

A Rich Pierson y a todo el equipo de Headspace, por la pasión, el aliento y el impulso creativo que han hecho posible que Headspace y el libro *Dieta Mindfulness* sean todo lo que son.

A Nick Begley, director de investigación en Headspace, por sus extensas aportaciones científicas.

A Hanna Black, a Kate Miles y a todo el equipo de Hodder por hacer, una vez más, tan divertido y sencillo el proceso de escritura.

A Lucinda Puddicombe, fisióloga deportiva y especialista en dietética, por su asesoramiento y experiencia, y por acceder a ser mi esposa. Te quiero.

Y, por último, pero no menos importante, a mi familia, a mis amigos y a la siempre fiel comunidad surgida en torno a Headspace que, con sus historias de éxito, son para mí una fuente constante de inspiración y que me animan diariamente a trabajar para que la meditación y el *mindfulness* sean más accesibles para todos.

Muchísimas gracias a todos y cada uno de vosotros.

Apuntes sobre Headspace

E L proyecto Headspace surgió en el año 2010 de la mano de Andy Puddicombe y Rich Pierson con la intención de desmitificar la meditación e impulsar el uso de la *mindfulness*, o atención plena, disciplinas presentadas como herramientas accesibles, prácticas y adecuadas para la vida moderna.

El objetivo de Headspace es conseguir que el mayor número posible de personas del mundo dediquen 10 minutos al día a practicar una sencilla técnica de meditación (incluida en este libro) basada en el *mindfulness*, un método con infinidad de efectos beneficiosos para la salud, según ha quedado demostrado en diversos estudios científicos.

De hecho, el proyecto Headspace trabaja de manera activa en colaboración con la Yale Medical School del University College de Londres y otras reconocidas universidades de todo el mundo para profundizar en el conocimiento de la meditación y para destacar el valioso impacto que puede tener en las vidas de aquellas personas que la practican de forma regular.

El propósito más amplio del proyecto es el de animar a la gente a integrar en su vida diaria esta práctica, sencilla pero muy poderosa. El tema objeto del presente libro, es decir, la alimentación consciente, es solo un ejemplo de aplicación de la atención plena o *mindfulness* a una actividad absolutamente cotidiana, con resultados realmente extraordinarios. En pocas palabras, representa un modo de vida más feliz, más sano y más equilibrado.

Si deseas unirte a los cientos de miles de personas que ya disfrutan de los beneficiosos efectos del programa «Tómate 10 minutos» de

Headspace, puedes registrarte ya, de forma gratuita, en www.getso-meheadspace.com(books/theheadspacediet o descargarte en tu móvil la aplicación Headspace (on-the-go).

Para cualquier otro tipo de información sobre Headspace, The Headspace Journey, el programa de subscripción, eventos, investigación científica o sobre la Fundación Headspace, visita por favor la página web www.getsomeheadspace.com

También puedes seguir Headspace en Facebook y Twitter:

www.facebook.com/HeadspaceOfficial

Twitter: **@Andy_headspace**
@Get_Headspace

Prólogo

por Judson Brewer, MD Phd
Director médico, Yale Therapeutic Neuroscience Clinic
Yale University School of Medicine

En este nuevo libro, Andy Puddicombe realiza un magnífico trabajo de explicación de cómo y por qué el comer, o mejor dicho, el comer en exceso, se ha convertido en un problema para muchos de nosotros. Al mismo tiempo presenta de un modo práctico y accesible el concepto de «comer de forma consciente», o *mindful eating*, demostrando que la clave para resolver muchos de estos problemas hoy en día tan extendidos bien podría encontrarse precisamente en el ejercicio del *mindfulness* (atención plena)*.

En mi trabajo de investigación he tenido ocasión de observar que muchos aprendemos a asociar la comida con diferentes estados de ánimo y emociones. Salimos a cenar para celebrar un acontecimiento, o bien estamos deprimidos y comemos para sentirnos mejor. Este patrón de comportamiento se convierte en habitual y la siguiente vez que nos sentimos bajos de ánimo, nuestro cerebro dice: «Oye, la última vez que te sentiste así, comiste chocolate y te sentiste mejor. ¡Hazlo otra vez!». Y de este modo se desarrolla todo un espectro de comportamientos que van del comer como consuelo a la adicción a la comida.

Solo si nos damos cuenta de esta cadena de acontecimientos y somos capaces de detenerla, podremos empezar a cambiar nuestro comportamiento. Es ahí donde entra en acción la atención plena, que sen-

---

* El término *mindfulness* es la palabra inglesa de la expresión «atención plena», práctica de meditación. Por tanto, en adelante pueden ser utilizados indistintamente. Para entender perfectamente el uso del término inglés o de la expresión española para la misma técnica, véase el libro del mismo autor, *Mindfulness. Atención plena*, Edaf, Madrid, 2013. *(N. del E.)*

cillamente nos enseña a observar los pensamientos como pensamientos, los antojos como antojos, y nada más. La práctica de la atención plena o *mindfulness* aborda el corazón del problema, capacitándonos para cambiar nuestro comportamiento al mismo tiempo que cuidamos nuestra salud y nuestra felicidad.

Yo empecé a meditar en la escuela de Medicina, tras pasar por una ruptura sentimental que supuso mucho estrés para mí. En muy poco tiempo empecé a sentirme más tranquilo, menos estresado y, al acabar la carrera, meditaba todos los días. Estaba tan impresionado por los efectos de la meditación que desvié todo mi trabajo de investigación en torno a los efectos del estrés sobre el sistema inmunitario en modelos de ratón hacia el estudio en el ser humano de los efectos del *mindfulness* y la meditación y del modo en el que estas técnicas pueden ser de ayuda en las adicciones.

En un estudio reciente sobre *mindfulness* realizado en Yale nos encontramos con que un plan para dejar de fumar basado en la meditación había superado con creces, en apenas 4 semanas, los resultados alcanzados por el programa de la Asociación Americana de Pulmón, considerado durante mucho tiempo criterio de referencia en Estados Unidos. No se utilizaron fármacos, se requería muy poco tiempo al día y los participantes solo tenían que aprender los fundamentos de la atención plena y una técnica complementaria. Menciono esto porque existen numerosos paralelismos entre la adicción al tabaco y la actual epidemia de obesidad.

Al igual que ocurre con la comida, las personas adictas al tabaco suelen echar mano del cigarrillo cuando se encuentran sometidas a estrés. Esto hace que se sientan mejor temporalmente, aunque el remedio no dura mucho, y cuando vuelven a notar ese estrés se fuman otro cigarrillo, reforzando de esta manera el hábito. En nuestro estudio simplemente enseñamos a la gente a observar sus pensamientos, emociones y ansias y a darse cuenta de cómo todo ello los llevaba a fumar. Cuando los individuos participantes en el estudio pudieron identificar con claridad que lo que les llevaba a fumar eran intensos deseos compulsivos, entonces fueron capaces de observarlos como sensaciones, en lugar de experimentar un impulso a actuar. Al observar en vez de actuar, estaban rompiendo la cadena y «desaprendiendo» la asociación sensación ⇨ deseo imperioso ⇨ tabaco. Y lo que observamos fue que, cuanto más practicaban la meditación, mejor lo hacían.

Los numerosos estudios que están llevándose a cabo en mi laboratorio y en otros laboratorios de todo el mundo están empezando a poner de manifiesto que el ejercicio de la atención plena constituye una excelente herramienta para mejorar comportamientos de forma definitiva. Las implicaciones en la manera de comprar, cocinar y comer y, en general, en el modo de relacionarnos con la comida en nuestro entorno no son en absoluto despreciables.

En la *Dieta Mindfulness* Andy Puddicombe nos muestra que el problema no se encuentra en la comida, sino en nuestra relación con ella. Mientras que otros tratamientos y dietas pasajeras se basan en remedios rápidos, el aprendizaje de la atención plena puede ayudarnos a tener una visión renovada de la manera en la que hemos aprendido a comer, teniendo en cuenta nuestros pensamientos y sensaciones, en lugar de áridos requerimientos nutricionales. Andy Puddicombe nos guía a través de este libro para que podamos ver con claridad esos pensamientos y podamos cambiar para siempre nuestra relación con la comida, al mismo tiempo que nos presenta la técnica de *mindfulness* o atención plena como una actividad absolutamente apetecible.

Introducción

AHÍ está, mirándote. Sabe que la deseas, que lo único que tiene que hacer es permanecer ahí el tiempo suficiente. Sabe que te has encontrado ya antes en esta situación, que no serás capaz de resistirte a la tentación. El sabor, el olor, esa cremosa sensación en tu boca y esa adictiva descarga de azúcar. Cada sensación física se vive con anticipación, tan solo a la espera de que se abra una primera grieta en el pensamiento, de que la fuerza de voluntad ceda y las inevitables excusas y justificaciones prosperen. Sí claro, podrías volver a meterla en el frigorífico, pero ahora ya es demasiado tarde para eso. Serías capaz de verla en tu mente e incluso de oír cómo te llama por tu nombre, aun estando a buen recaudo tras unas puertas cerradas.

«Cómeme, cómeme, no se lo diré a nadie. Mira, vamos a hacerlo esta última vez y luego, a partir del lunes, ya no necesitarás volver a hacerlo nunca más. Si lo piensas, esto vale por la comida que te saltaste el otro día. Además, yo pensaba que habías tomado la decisión de ser más benévolo contigo mismo, más condescendiente. ¿No es esta la ocasión perfecta para ser más comprensivo, para demostrar que estás contento con la persona que eres, que no te importa lo que piensen los demás? Y oye, una vez hecho, no tendrás que pensar más en mí, ¿vale? Supongo que *podrías* tirarme a la basura, pero sería un derroche, ¿no crees? Te sentirías incluso peor, sabes que sí. No sería muy justo para los niños hambrientos del mundo, ¿no? Cómeme y ya está…»

Y así empieza la locura. En serio, ¿cuándo empezamos a tener conversaciones con nuestra comida? ¿En qué momento el simple hecho de comer se convirtió en un *problema*? ¿Y cómo fue que una de las necesidades humanas más básicas y primarias se convirtió en todo un polvorín emocional? ¿Debemos echar la culpa a nuestros padres, como todo lo demás en esta vida? ¿O debemos culpabilizarnos a nosotros mismos, por no tener superpoderes para mantener una voluntad inquebrantable? ¿Deberíamos tal vez echar la culpa a la industria alimentaria, por manipular la naturaleza y crear alimentos muy elaborados y fabricados en serie? ¿O a las portadas de las revistas de papel cuché, que siguen promocionando la belleza retocada y sin un ápice de grasa como referente de modernidad por el que todos somos juzgados?

Buscar algo a lo que echarle la culpa es una actitud perfectamente natural, pero sirve de muy poco y rara vez promueve un cambio real. Tu figura corporal y la salud de tu mente son, inevitablemente, consecuencia tanto de la genética como de la educación, en mayor o menor grado. No hay duda de que *todos* los factores arriba citados tienen un papel en la definición de la manera en la que la persona se *ve* a sí misma y de la manera en la que se *siente* consigo misma. Pero, si bien puede ser útil saber cómo todas estas influencias nos afectan a nivel personal, es importante considerarlas en su contexto. Y digo esto porque, para que tenga lugar un cambio *real*, genuino y sostenible, hemos de reconocer y aceptar que solo *nosotros* somos los responsables de lo que nos llevamos a la boca. Puede ser cierto que la sociedad no nos ayuda nada, con todos esos mensajes contradictorios y todos esos alimentos excesivamente elaborados. Pero, en última instancia, nosotros y solo nosotros somos responsables de cuidar debidamente nuestra salud y nuestra dieta y de sentirnos cómodos y a gusto con quiénes somos y con nuestro aspecto.

Párate un momento a pensar cómo sería no volver a tener ese interminable diálogo interno, ese incesante parloteo sobre la comida. O considera cómo sería dejar de *preocuparte* por ese diálogo interno, dejar de darle tanta importancia. Pregúntate cómo sería tener una actitud equilibrada, pero despreocupada, en relación con tus hábitos de alimentación, sin depender de la naturaleza inestable y a menudo impredecible de la fuerza de voluntad y confiando, en cambio, en un nuevo y profundo conocimiento de la mente humana y de su ilimitado potencial. ¿Cómo sería tener una relación con la comida completamente renovada, abandonar los sentimientos de culpabilidad, la ansiedad y los deseos compulsivos y, en su lugar, recuperar esa sensación de sano aprecio y placer que proporciona toda buena comida? ¿Y cómo sería si ese mismo planteamiento te mostrara el camino de un cambio realmente sostenible hacia una mejor salud física y hacia una figura corporal que te hiciera sentir seguro y, al mismo tiempo, a gusto contigo mismo? Bienvenido a la *Dieta Mindfulness*.

Mi experiencia

Probablemente ya te habrás dado cuenta de que este no es un libro de dietas corriente. Si lo fuera, yo estaría mirándote fijamente desde la portada, tratando de parecer sincero y ofreciéndote mi mejor gesto de «¡Tú puedes hacerlo!». Eso, o bien habría pagado a una atractiva pareja de jóvenes de aspecto atlético para que aparecieran en primera plana con muy poca ropa, ofreciendo un mensaje no demasiado sutil de «¡Compra el libro y consigue unos abdominales como estos!». Si fuera un libro de dietas corriente, también estaría contándote que se trata de un descubrimiento mío, absolutamente único, que no podrás encontrar en ningún otro lugar del mundo. Podría sugerirte que no comieras nada más que una rara variedad de baya himalaya para desayunar, comer y cenar, todos los días, para el resto de tu vida.

Por fortuna, este libro es diferente. Para empezar, no soy médico, nutricionista ni especialista en dietética (si bien he recurrido a la ayuda y a la experiencia de estos profesionales para escribir el libro). Ni tan siquiera soy famoso —cualificación definitiva para escribir un libro de dietas—. En lugar de todo ello, soy lo que se conoce como Mindfulness Consultant, o asesor de atención plena. Es un título algo extravagante, pero todo cuanto significa es que enseño a las personas a comprender mejor sus pensamientos, emociones y comportamientos. Al comprenderlos, al ser capaces de contemplarlos desde una perspectiva nueva, son también capaces de llevar a cabo los cambios que desean realizar en su vida, dejando de ser rehenes de sus emociones, o de vivir atrapadas por el ciclo sin fin del pensamiento.

Así pues, el libro se centra más en el *cómo* comer que en el *qué* comer. Pero para aquellos de vosotros que tenéis dudas sobre cuáles son los alimentos más beneficiosos para la salud y el bienestar, en el capítulo 10 he incluido una *Guía práctica de nutrición de Headspace,* así como un Plan de 10 días del método Headspace en el capítulo 9. Si buscas aún más apoyo, puedes echar un vistazo a Headspace Journey en www. get-someheadspace.com/books/theheadspacediet.

Antes de nada, debería decir que, en lo concerniente a las locuras que se cometen en materia de alimentación, yo realmente sé de lo que hablo, y no solo por mi experiencia profesional. Hace 18 años, antes de irme lejos para prepararme en la práctica de la atención plena, estaba obsesionado con la comida, con comer y, sobre todo, con mi imagen corporal. Y quiero recalcar que estaba realmente obsesionado. *Trabajaba* en un gimnasio, *entrenaba* en el gimnasio: de hecho, prácticamente *vivía* en el gimnasio. Participé en competiciones de gimnasia mientras estudiaba educación física, anatomía y nutrición en la universidad. En casa pesaba cada ración de alimento que comía. Cuando salía, llevaba mi propia comida (imagínate llevando un *tupper* a un restaurante) o llamaba con antelación al establecimiento para asegurarme de que pudieran prepararme una tortilla de clara de huevo. En aquellos días habría podido decirte el número exacto de calorías, gramos de grasa o prácticamente cualquier otra cosa que hubieses querido saber sobre la mayoría de los alimentos existentes. De hecho, pensando en aquellos días, no me enorgullece decir que, en una ocasión, incluso usé el número de calorías de una pinta de cerveza como «requiebro» para ligar. El hecho es que a la chica le impresionó, lo cual hace que la historia resulte aún más triste.

Esta forma de plantearse la vida era profundamente insatisfactoria. Estaba cansado de perseguir una imagen mental que siempre quedaba un paso por delante de mi. Me sentía agotado por tratar de mantener la talla y la figura que había conseguido. Me confundía pensar cómo me veían los demás (y cómo me veía a mí mismo). Pero, sobre todo, estaba aburrido de centrarme en mí mismo y cansado de los interminables pensamientos sobre lo que debía y lo que no debía comer, y cansado de sentir ansiedad, incluso terror, en relación con la comida. No fue hasta que decidí marcharme y convertirme en monje budista cuando las cosas realmente empezaron a cambiar. De hecho, fue en el monasterio donde me enseñaron por primera vez la técnica de la atención plena.

En un mundo que pide a gritos consejo sobre pérdida de peso e imagen corporal, siempre me ha sorprendido que comer de forma consciente no se haya popularizado antes en el mundo occidental. Después de todo, existen evidencias documentadas que ponen de manifiesto que esta forma de comer lleva utilizándose desde hace más de dos mil años. Algunas personas adoptan la atención plena como sistema más amplio de entrenamiento mental (como hacíamos nosotros en el monasterio), mientras que otras la utilizan como estrategia intencionada para el mantenimiento de una relación sana con la comida, su figura corporal y su peso. Si decides comer de forma consciente, espero de verdad que, en un mundo de modas pasajeras y remedios rápidos, esos conocimientos perfeccionados a lo largo de tantos años te otorguen confianza en la aplicación de esta técnica sencilla y fácil de aprender.

Unas breves palabras sobre *mindfulness*

En los últimos años la corriente de la atención plena o *mindfulness* ha conocido un enorme impulso, pero, a pesar de ello, se habla a menudo de ella en términos muy vagos, de modo que no siempre resulta sencillo saber cómo puede aplicarse a las actividades de la vida diaria, por ejemplo a la comida. La atención plena suele definirse como la capacidad para «estar presente», no alterado por pensamientos ni emociones, y con una actitud mental que no sea crítica ni reprobadora. Hay algo de verdad en ello, pero lo que realmente significa es vivir con una sensación de feliz satisfacción. Esto contrasta abiertamente con el modo de vida de muchas personas, que viven atrapadas por pensamientos sobre el pasado y el futuro que distraen su mente, arrastradas por emociones difíciles y a menudo por la costumbre de criticarse a sí mismos y a los demás. Esto es así especialmente en lo que se refiere a la comida y al cuerpo y muchas personas, de forma algo incomprensible, se sienten absolutamente sobrepasadas por este tipo de pensamientos y sensaciones.

Posiblemente no deba sorprendernos que *mindfulness* se haya convertido en un tema tan actual en el mundo de la investigación neurocientífica. Prestigiosas universidades e instituciones médicas de todo el mundo publican con regularidad artículos científicos sobre los efectos beneficiosos de la meditación basada en la atención plena y sus conclusiones son publicadas a menudo en los titulares y en las columnas de la sección de salud de los periódicos. Aunque algunos investigadores centran sus estudios en los efectos positivos sobre la salud física y emocional, que existen y son numerosos, otros analizan la manera en la que la atención plena afecta al pensamiento en sí mismo, al reducir el ciclo interminable de pensamiento y conducir, en consecuencia, a una existencia más feliz y serena. No obstante, para el propósito de este libro resulta más relevante la interesante investigación que demuestra los efectos positivos de la atención plena sobre la alimentación, los hábitos alimentarios y los impulsos emocionales (aspectos que abordo a lo largo del libro). ¿A quién no le motiva saber que, realizando a diario un ejercicio sencillo y fácil de aprender, es posible aumentar la actividad en el área del cerebro responsable del autocontrol y de la toma de decisiones? ¿Y a quién no le motiva conocer que un estudio en concreto ha puesto de manifiesto que la atención plena reduce los atracones entre un 50 y un 70%?

Por muy motivadores que sean estos hechos y estos datos, solo cuando *apliques* realmente la técnica de atención plena te darás cuenta de los resultados. Es asombroso que la ciencia haya realizado todos estos hallazgos, pero lo mejor de todo es que, cuando te parezca que las cosas no avanzan tan rápidamente como a ti te gustaría, los resultados de esos ensayos pueden realmente motivarte. Sin embargo, los hallazgos solo son efectivamente valiosos e importantes cuando se llevan a la práctica, cuando se convierten en parte de tu vida y, por consiguiente, en una causa genuina de cambio. Esta es la razón por la cual, en el sentido más amplio, atención plena significa mucho más que «estar presente». También significa tener curiosidad, interés; tener un deseo auténtico de investigar cómo y por qué piensas y sientes como lo haces. Significa que no debes asumir lo que *para mí* es atención plena, sino que has de experimentarlo y descubrirlo *por ti mismo*. En este sentido, el capítulo 4 puede resultarte especialmente útil cuando empieces a analizar tu relación con la comida y a descubrir qué tipo de personalidad tienes en relación con la alimentación.

De hecho, dado que estamos considerando la posibilidad de abandonar las dietas *para siempre*, podría apetecerte aplicar también este mismo sentido de investigación no reprobadora y de curiosidad a tus experiencias *pasadas*. Por ejemplo, ¿te han funcionado las dietas en el pasado? Y no me refiero a aquella ocasión en la que unos cuantos días pasando hambre te permitieron caber en tu vestido favorito, a tiempo para la fiesta de Navidad. Me refiero a si el hecho de seguir una dieta te ha permitido perder peso y recuperar tu figura ideal de forma mantenida en el tiempo y sin obsesionarte con la comida. ¿Te han ayudado las dietas a sentirte mejor contigo mismo, a aumentar tus niveles de seguridad interior y de autoestima? ¿Te han permitido tener una relación sana con la comida, poner fin a todo ese parloteo interior sobre la comida? La verdad es que las dietas comerciales pocas veces hacen posible esta clase de cambio. Hay demasiada gente en el mundo insatisfecha con su aspecto, insatisfecha con su peso, a menudo de forma desesperada, y mucha más gente aún que se pasa la vida saltando de una dieta a otra, buscando esa «cura» milagrosa. Y todo para nada. Ser capaz de reconocer estas verdades tan sencillas, pero ignoradas tan a menudo, es solo uno de los innumerables regalos de la atención plena, así como el primer paso para cambiar la manera de relacionarte con la comida y con tu cuerpo.

Plan de 10 días

Si sigues el plan de 10 días propuesto en este libro con el método Headspace, puedes experimentar un cambio evidente, y seguramente así *será*. En algunos ensayos científicos se ha observado que la atención plena o *mindfulness* muestra importantes efectos beneficiosos en apenas 5 días. No obstante, sería poco realista sugerir que las actitudes, las creencias y los hábitos de toda una vida pueden cambiar en menos de una semana. Y harías bien en ser escéptico si yo te sugiriera tal cosa. Para que tenga lugar un cambio realmente sólido es necesario un poco más de tiempo, pero por alguna parte hay que empezar. El *mindfulness* es como un viaje y el plan de 10 días es el comienzo de ese viaje.

Como descubrirás más adelante, la dieta *mindfulness*, con el método Headspace, es, en última instancia, un modo de vida, más que un remedio rápido para un problema temporal. Y dado que se trata de un plan de alimentación tan sutil, tan perfecto, y que requiere tan poco esfuerzo, nunca pensarás en él como en un «plan». Solo te hará reflexionar sobre lo que *haces*, sobre *cómo vives* y sobre *tu manera de ser*. Y ¿no es ese el objetivo de todos nosotros? Ser uno mismo, estar contento con la persona que eres, vivir centrado en tu salud, en tu felicidad y en el bienestar de los que te rodean, en lugar de estar siempre preocupado por el contenido calórico de tu siguiente comida.

El plan de 10 días, que aparece descrito en el capítulo 9, está diseñado para presentarte el concepto de «comer de forma consciente», para ponerte en marcha y para que puedas apreciar el cambio que va a suponer en tu manera de comer y en tu manera de relacionarte con la comida y con tu cuerpo. En este sentido el libro contiene todo lo que necesitas para aprender a *vivir* y a *comer* de forma plenamente consciente. Pero cuando llegues al final de esos 10 días, es posible que desees contar con algún apoyo a largo plazo. De modo que acuérdate de echar un vistazo a la página web de Headspace en www.getsome-headspace.com/books/theheadspacediet para obtener más orientación, sugerencias y ayuda.

Comencemos, pues, a disfrutar de nuevo de la comida. Dejemos que el cuerpo se acuerde de su inteligencia natural y de su capacidad para autorregular su peso y su figura —¡los ideales para ti!—. Encontremos la manera de dar marcha atrás desde todos los pensamientos insanos que nos asaltan sobre la comida y, en su lugar, adoptemos una nueva perspectiva. Encontremos la manera de romper el círculo vicioso de esas poderosas sensaciones emocionales que tanta energía nos roban. Encontremos la manera de estar a gusto y cómodos con lo que somos y con nuestro aspecto. Pongamos fin a esas interminables dietas yo-yo, con sus objetivos a corto plazo y sus rígidas reglas. Encontremos la manera de cultivar una actitud sana, sostenible y equilibrada ante la comida. Y, por último, aunque no menos importante, hagamos un poco más de espacio en nuestra mente para considerar nuestra manera de comer, nuestra imagen corporal y nuestra manera de vivir.

CAPÍTULO 1

Una primera reflexión sobre la comida

Comida y mente

¿Con qué frecuencia piensas en ella? Quiero decir, en la comida. Hablando en serio, un día cualquiera, ¿cuántas veces piensas en comida o en el efecto que la comida tiene sobre tu cuerpo? No ya en lo que quieres comer, sino también en qué comiste en el pasado o qué planeas comer en el futuro. Asegúrate de incluir el número de veces que has deseado *no haber comido* algo en el pasado, y también lo que estás planeando *no comer* en el futuro. Ahora añade cualquier pensamiento que hayas tenido sobre tu imagen corporal y sobre tu aspecto. Ello incluye todo pensamiento que exprese satisfacción por tu aspecto, así como las veces que hayas tenido un pensamiento en el que hayas deseado tener un aspecto diferente. Lo sé, resulta difícil de cuantificar, pero ¿cuántos pensamientos de esta índole crees que tienes al día?

Las cifras de los estudios de investigación varían considerablemente en relación con esta cuestión, al documentar que el número de pensamientos sobre comida que la gente tiene al día puede ser de hasta 200. Sin embargo, tras la extensa labor de investigación que he realizado para este libro, sospecho que la cifra pudiera ser considerablemente más alta, especialmente cuando entran en juego pensamientos sobre imagen corporal. Para muchas personas, la comida es lo primero en lo que piensan por la mañana y su imagen corporal es lo último en lo que piensan por la noche. Estos pensamientos son como sujetalibros en los extremos del día, como el pan de un sándwich lleno de sensaciones de intenso deseo y resistencia, disfrute y malestar, satisfacción y culpa. De hecho, resulta difícil imaginar otro tema que ocupe tanto lugar en nuestro valioso espacio mental. Ahora bien, esto no quiere decir que haya algo intrínsecamente malo en soñar despierto con un pastel de chocolate: todo lo contrario, es absolutamente normal. Solo si se deja que la mente vague descontrolada, puede llevarnos por un camino del que más tarde probablemente nos arrepintamos. Ah, y si estás preguntándote por algún otro asunto que pueda competir con este, parece ser que las mujeres piensan en comida al menos el doble de lo que piensan en sexo. Y aunque en el caso de los hombres este valor es más bajo, la comida sigue encabezando la clasificación en el recuento general de pensamientos.

A lo largo de los años se han desarrollado gran cantidad de programas de educación pública sobre los alimentos que *debemos* y que *no debemos* comer, sobre los alimentos que son saludables y los que no lo son. Esto está bien. Es información de la que todos debemos disponer. Cierto es que dicha información resulta a menudo un poco contradictoria y que un «superalimento» ensalzado por sus propiedades en la prevención del cáncer, el aumento de la fertilidad y la potenciación del metabolismo graso, casi inevitablemente será luego desestimado por sus efectos cancerígenos, favorecedores de la esterilidad y causantes de obesidad. Pero, en conjunto, la mayoría de nosotros sabemos qué es lo que deberíamos comer para estar sanos ¿no es así? Conocemos las reglas, sabemos qué alimentos favorecen una buena salud y sabemos qué alimentos, consumidos en cantidades excesivas, conducen a aumento de peso, obesidad, hipertensión y cardiopatías.

Y aun así nada cambia. El número de personas con sobrepeso sigue aumentando, el número de obesos sigue aumentando, del mismo modo que sigue aumentando el número de personas que sufren cardiopatías, diabetes, trastornos alimentarios, alergias, intolerancias y otras enfermedades relacionadas con la alimentación. De modo que ¿por qué sucede esto y qué podemos hacer al respecto? El punto de partida es el reconocimiento de que, en situaciones en las que tenemos libertad de elección (y hay muchos sectores de la sociedad en las que no se da tal posibilidad), la comida, en sí misma, no es la causa generadora de obesidad, o de sobrepeso. Ciertamente desempeña un papel importante, pero la decisión de lo que consumimos parte de nuestra propia mente. Aunque puede verse *influida* por numerosos factores, la decisión de elegir «este» alimento en vez de «aquel» procede de un pensamiento, de una sensación, y de la voluntad de entregarse a ese pensamiento o a esa sensación.

Ahora bien, esta no es una excusa para martirizarte por tu forma de comer o por tu imagen corporal. La mente es muy poderosa y, si no se ejercita, se convierte en esclava de las emociones y de los hábitos, que pueden resultar abrumadores. Recuerda que no se trata de echarte la culpa a ti mismo (ni a ningún otro). Se trata de intentar comprender la raíz del problema, de manera que puedas crear las condiciones propicias para un cambio positivo en el futuro. La comida es simplemente el *objeto* de fascinación y distracción, no la *causa*. No tiene poder real en sí misma ni sobre sí misma; simplemente está ahí, esperando a que alguien se la coma (o no se la coma). La decisión de comer es, en última instancia, solo tuya. Y esto es importante, porque si la decisión es *tuya*, entonces *tú* tienes la libertad, en *tu* mano está la posibilidad de cambiar, la posibilidad de ser feliz con quien realmente eres y con tu imagen corporal, con un peso cómodo, natural y adecuado para ti.

Los procesos mentales en juego son sorprendentemente directos; generalmente todo sucede tan deprisa que no hay tiempo para muchas consideraciones. La acción física de alcanzar la comida y llevarla a la boca no se produce por accidente. Para que la mano se extienda y agarre la siguiente porción de pizza, la copa de helado o el vaso de vino, requiere una señal del cerebro. Esta señal puede originarse por un gran número de pensamientos, emociones o sensaciones físicas, y de muchas maneras, sin importar realmente cuál haya sido el desencadenante. Lo importante es que seamos capaces de crear en la mente espacio y claridad suficientes para no seguir necesariamente ese impulso. Pero, una vez más, ¿por qué sucede esto en un principio? ¿Por qué *hacemos* aquello que desesperadamente no queremos hacer? ¿Y por qué nos sentimos a menudo tan impotentes cuando se trata de resistirnos al deseo urgente de una emoción fugaz?

Mindfulness como forma de vida

Para responder a estas preguntas, debemos ser capaces de observar la mente con una clara sensación de consciencia. Debemos ser capaces de verla, de comprenderla, y después debemos básicamente cambiar nuestra manera de relacionarnos con ella. Esta es la razón por la que la práctica, o la técnica de *mindfulness* es tan importante para alcanzar una relación sana con la comida, con tu cuerpo y con tu peso. Te permitirá analizar la causa de cualquier problema en su origen y realizar la acción apropiada (o la inacción, como ocurre en ocasiones), en lugar de esperar a tener la cesta de la compra llena de esa comida insana que intentas decirte a ti mismo que no vas a volver a comprar.

Como ya dije en la introducción, la manera más fácil de pensar en la técnica consiste en considerarla como la consciencia de estar presente, en el momento, de sentirte total y sinceramente implicado con lo que estás haciendo. Estoy seguro de que te habrás encontrado en esta situación en algún momento. Es posible que hayas experimentado esta sensación precisamente disfrutando de una buena comida. Lo mejor del *mindfulness* es que, sin importar la situación en la que te encuentres, conduce a la ausencia de parloteo mental de fondo, por no hablar de la desaparición de autocrítica. Aunque suceda con muy poca frecuencia, o por casualidad, prácticamente todo el mundo ha tenido en este sentido su propia experiencia, y la describe a su manera. Puede ser esa sensación de estar en conexión con la tierra, de sentirse a gusto, de vivir el momento, o incuso de estar «concentrado», aunque no se trate más que de maneras distintas de nombrar la misma cosa: la experiencia del momento presente.

Básicamente estamos hablando de vivir el aquí y ahora con sensación de estar a gusto. Suena bien ¿verdad? ¿Pero con qué frecuencia experimentas esta sensación? Y si de vez en cuando tienes momentos así, puede que los encuentres algo impredecibles. ¿No estaría bien que esa experiencia del «aquí y ahora» fuera el escenario básico de tu vida? ¿No sería un alivio sentir que aceptas tu cuerpo y, al mismo tiempo, considerar y apreciar la comida de una manera sana, todo ello mientras avanzas hacia tu peso, tu talla y tu figura ideales?

La mayor parte de las personas se pasan la vida perdidas entre pensamientos. Un reciente documento médico publicado por la Universidad de Harvard refiere que la mente del ser humano se encuentra vagando de un pensamiento a otro el 50% del tiempo. Dado que se trata de un estudio basado en respuestas subjetivas, es bastante probable que la cifra sea incluso más elevada. Párate un momento a considerar cuánto tiempo pasas perdido entre pensamientos: ¿el 20% del día?; ¿el 50% del día; ¿el 80%? En lo referente a divagación mental, existen importantes implicaciones que afectan a la forma de comer. Está bien soñar despierto de vez en cuando, pero si estamos ocupados atiborrándonos de comida mientras nuestra mente anda perdida entre pensamientos, sin darnos cuenta de las cantidades que estamos ingiriendo y en ocasiones ni tan siquiera de los que estamos comiendo, entonces parece razonable suponer que acabaremos encontrándonos en una situación de insatisfacción con nuestro aspecto.

Puede resultar tentador echar a correr e intentar aplicar el *mindfulness* de inmediato. Después de todo, si es la *inconsciencia* lo que nos lleva a tomar malas decisiones, entonces claramente la *consciencia plena* nos otorgará la atención mental necesaria para tomar las decisiones adecuadas. Pero antes de empezar a practicar la atención plena existe cierta información importante que he de compartir contigo. Porque, aunque es posible aprender a practicar la atención plena mientras se come, o durante otro tipo cualquiera de actividad, esta no es ciertamente la manera más fácil ni más eficaz de aprender la técnica. En lo referente a la sensación de estar presente, la familiarización lo es todo y el secreto está en realizar un corto ejercicio de meditación de 10 minutos al día basado en la atención plena, sin distracciones y sin que nadie nos moleste. En Headspace nos referimos a este paso como «Tómate 10 minutos». Es sencillo, fácil de aprender y totalmente asumible, incluso por parte de esas personas con un estilo de vida más exigente.

Y si el sonido de la palabra *meditación* te causa rechazo y sientes la tentación de saltarte el siguiente par de páginas, quizá te convenga leer antes la siguiente información. En 1994 el National Institute of Health de Estados Unidos inició un programa de investigación llamado «The National Weight Control Registry» o NWCR. Fue creado para investigar e identificar las características comunes de la gente que perdía kilos con éxito y luego mantenía el peso. De acuerdo con el estudio publicado sobre este grupo, los participantes que habían conseguido su objetivo compartían numerosos comportamientos. Para empezar, tenían una dieta con un bajo contenido en grasas y en calorías y desayunaban prácticamente todos los días. Además, mostraban un alto nivel de actividad física, haciendo ejercicio (a menudo caminar) durante casi una hora al día. Hasta aquí todo normal. Sin embargo, lo que quizá te sorprenda es que «casi todos» los que perdían peso satisfactoriamente y conseguían mantenerse, incorporaban a su vida, y cito textualmente, «un elemento de meditación». Lo hacían para controlar el estrés, levantar el ánimo y mejorar la calidad del sueño, factores clave para una pérdida de peso con éxito. Ahora, dado que la atención plena se describe a menudo como el Rolls-Royce de las técnicas de meditación y «Tómate 10 minutos» es reconocida ampliamente como una de las maneras más fáciles de aprender, la idea de realizar un sencillo ejercicio como este todos los días empieza a tener sentido. De hecho, dados los recientes descubrimientos sobre la atención plena realizados en ensayos clínicos, podría considerarse una locura no practicar a diario ese «Tómate 10 minutos».

La meditación como apoyo

¿Qué imagen te viene a la mente cuando lees la palabra *meditación*? ¿El ecologista? ¿El vegetariano? ¿El *hippy*? ¿El maestro de yoga? ¿O quizá un monje de cabeza afeitada, sentado en un retiro de montaña en el Himalaya? Estas son solo algunas de las formas en las que a menudo se presenta y se considera en Occidente la meditación. Pero afortunadamente las cosas están cambiando, y muy deprisa. La meditación basada en la atención plena, o *mindfulness*, ha sido aceptada por la comunidad médica, su uso fue aprobado hace ya muchos años por el UK National Institute for Clinical Excellence (NICE) y, en la actualidad, es objeto de estudio por parte de neurocientíficos de todo el mundo. Por otro lado, ya está presente también ampliamente en todos los sectores de los medios de comunicación más populares.

Aunque las *tradiciones* en meditación varían mucho, hay algo que puede decirse prácticamente de todas las técnicas de meditación y es que, de forma sutil pero intencionada, buscan potenciar la calma por un lado y la claridad de mente por otro. Pregúntate a ti mismo cuánta calma tienes en tu vida y cuánta en lo referente a la comida. Y pregúntate también cuánta claridad tienes en tu vida. Y con cuánta claridad piensas en por qué comes de la manera en la que comes. Doy por supuesto que, sin duda, querrás desarrollar más ambos aspectos —después de todo, ¿quién no quiere más calma y claridad en su vida?—. Especialmente si la ausencia de una o de otra (o de ambas) está causando que tomes malas decisiones en lo referente a tu alimentación.

De modo que, en lugar de pensar en la meditación como una especie de viaje religioso o de experiencia mística (salvo que ese sea tu propósito, por supuesto), en este contexto es muy útil pensar en la meditación como una manera de proporcionar las mayores condiciones propicias posibles para aprender la técnica de la atención plena y para aportar un poco de calma y claridad a tu vida. El ejercicio «Tómate 10 minutos» será el centro de tu plan para comer de forma consciente, el hilo conductor que mantendrá todo unido, y que voy a explicarte brevemente. Como ya he dicho antes, cuando se trata de *mindfulness*, entra en juego la familiarización, y «Tómate 10 minutos» es la manera más rápida y mejor de sentirse cómodo en el momento presente. De hecho, ¿por qué no probar ya mismo este breve ejercicio para que te hagas una idea de lo que significa hacer una pausa y distanciarse un poco de los pensamientos dentro de tu mente?

Ejercicio Headspace: minimeditación

1. Siéntate en una silla cómoda, con los brazos y las piernas sin cruzar. Puedes posar las manos en tu regazo, o en tus piernas, o en los reposabrazos, donde te resulte más cómodo. Una vez sentado, realiza unas respiraciones profundas, tomando aire por la nariz y expulsándolo por la boca. Después de un máximo de tres respiraciones, puedes dejar que el cuerpo recupere su ritmo normal de respiración por la nariz.

2. Sin tratar en modo alguno de detener los pensamientos en tu mente, pon tu mano en el estómago y nota la sensación de subida y bajada que se crea en el cuerpo al respirar. No intentes respirar de ninguna manera especial y sigue simplemente el ritmo natural de la respiración. Deja que tu atención siga centrada en esa sensación.

3. Al cabo de un momento probablemente tu mente se habrá dejado llevar, distraída por el paso de algún pensamiento. Cuando te des cuenta de que tu mente está vagando, simplemente recondúcela a la sensación de subida y bajada. Como ayuda para mantener la mente centrada, puedes contar las respiraciones según vayan produciéndose, contando una al subir, dos al bajar, después tres, cuatro, y así hasta diez. Observa si puedes llegar a diez sin dejarte llevar por algún pensamiento y sin sentirte incómodo al centrar tanto la atención. Inténtalo un par de veces.

¿Cómo te ha ido? ¿Has encontrado que tu mente vagaba mucho, o solo un poco? En esta fase realmente no importa demasiado cómo se comporte tu mente y no existe una respuesta correcta o errónea. Mucha gente, cuando intenta por primera vez este ejercicio, se da cuenta de que su mente está increíblemente ocupada por pensamientos, de modo que no te desanimes si este ha sido tu caso. Cuando llegues al capítulo 7, te presentaré el ejercicio «Tómate 10 minutos» y te enseñaré a llevar sin esfuerzo a tu mente hasta un lugar natural de descanso.

En Headspace hemos ayudado a cientos de miles de personas a aprender a meditar. La mayoría no habían intentado nunca nada parecido y muchos dudaban que fueran capaces de hacerlo. Antes de empezar, la mayoría decían que su mente estaba demasiado ocupada para meditar, que no tenían tiempo durante el día para hacerlo, ¡incluso que estaban demasiado *estresados* para meditar! Pero todas las personas con las que he hablado y que han logrado hacer un hueco en su vida para sentarse e intentarlo, para dedicarle 10 minutos al día, han afirmado que han notado la diferencia. Dicen que se sienten más tranquilos, más asentados, más capaces de tomar decisiones racionales y que lo hacen con mayor claridad mental. Y, lo que es aún mejor, para muchos ahora es simplemente parte de su vida diaria.

Cuando la meditación basada en *mindfulness* se aborda de forma correcta, sinceramente cualquiera puede ponerla en práctica. En efecto, es la manera más práctica de relacionarse con los pensamientos y con las sensaciones cuando aparecen, no solo por la técnica en sí misma, sino por la comprensión que permite de los procesos en juego en la mente. Pero se trata también de integrar la recién hallada sensación de consciencia en tu vida diaria, en tus actividades, en tu trabajo, en tus relaciones con amigos y familiares y con cualquiera de tu entorno. De modo que, aunque hayas hecho un montón de meditación antes, por favor sigue los consejos que se ofrecen más adelante en el libro y reserva también un poco de tu tiempo para visitar la página web de Headspace en www.getsomeheadspace.com. Es un recurso único que te permitirá comprender aún mejor la manera de obtener una mayor sensación de calma y claridad en tu vida. Y no solo en lo referente a la comida, sino en *todos* los aspectos de tu vida.

Comer de forma consciente

Si *mindfulness* significa vivir en el presente, el aquí y ahora, y «Tómate 10 minutos» es la mejor manera y la más sencilla de familiarizarse con esa forma de estar, entonces «comer de forma consciente» puede considerarse la aplicación de *mindfulness* a la comida, a la imagen corporal y a la pérdida de peso. Pero, antes de explicar con mayor detalle esta forma de comer consciente, me gustaría que intentaras un breve ejercicio, pues constituye realmente la mejor manera de apreciar la técnica.

Toma un pedazo de chocolate o algún otro alimento que normalmente suponga para ti un esfuerzo comer con moderación. Puede ser una galleta, un pastel, unas patatas fritas, un trozo de queso, pero preferiblemente algo con un sabor intenso. Para mayor facilidad a la hora de escribir, he utilizado el ejemplo del chocolate en todo este ejercicio, aunque las instrucciones son las mismas independientemente del alimento que escojas. Quiero que te comas este chocolate como si fuera el primer trozo de chocolate que pruebas en tu vida —y el último que tendrás ocasión de probar—. En pocas palabras, ¡saboréalo!

Ejercicio Headspace: comer de forma consciente

1. Antes de echar mano al chocolate, realiza un par de respiraciones profundas, tomando aire por la nariz y expulsándolo por la boca, simplemente para que el cuerpo y la mente se sosieguen un poco. Mentalmente, deja atrás por un momento todo cuanto estabas haciendo y asegúrate de que no hay nada que pueda distraerte —lo cual incluye música, TV y móvil—. Solo estaréis tú y el chocolate.

2. Tómate un momento para considerar el chocolate. ¿De dónde viene? ¿Qué contiene? Intenta imaginarte los diferentes ingredientes en su medio natural de crecimiento e incluso los tipos de personas que han podido cultivar los granos de cacao.

3. Antes de empezar a comértelo, detente para darte cuenta de si existe una sensación de impaciencia, de querer comer tan rápidamente como sea posible. Nota si existen sensaciones de placer y nerviosismo, o sensaciones de culpabilidad e inquietud por la idea de comer chocolate.

4. Desenvuelve despacio el chocolate y tómate un minuto o así para examinarlo con ojos, nariz y manos. Míralo de cerca, huélelo detenidamente y después tócalo para comprobar su textura. ¿Cambian tus sensaciones emocionales al hacer todo esto? ¿Son unas más intensas y otras menos?

5. Llegado este momento, estarás más que preparado para probarlo. Da un mordisquito (o, como alternativa, métete todo el trozo en la boca), pero intenta resistirte a *masticar* el chocolate. Presta atención a la sensación que te produce en la boca, a la temperatura y a la textura. Sé consciente también del sabor —si es dulce, amargo, cremoso, etc—. Intenta que el chocolate se derrita en la boca moviéndolo suavemente de un lado a otro con la lengua.

6. Mientras se derrite, siéntate cómodamente en tu butaca y disfruta del momento. Recuerda: ¡aprécialo, saboréalo y disfrútalo!

¿Qué tal te ha ido? Probablemente no te esperabas empezar tu plan de 10 días comiendo chocolate. Sin embargo, en cantidades correctas ninguno de estos alimentos es especialmente nocivo. Y lo que casi todas las personas dicen después de realizar este ejercicio, si realmente se toman el tiempo necesario para hacerlo debidamente, es que si lo que solían hacer antes era engullir un trozo tras otro, casi sin pensar, cuando aplican, en cambio, el sentido de la atención plena al acto de comer, el nivel de satisfacción aumenta de forma asombrosa. En términos generales, esto significa que en lugar de sentir la necesidad de seguir comiendo, esa única porción es suficiente.

Recuerda que es una nueva habilidad que estás aprendiendo aquí, de modo que no te preocupes si no te funciona así de bien de manera inmediata. De hecho, la idea general es la de seguir el Plan de 10 días o toda la experiencia Headspace (Headspace Journey). Aprender cualquier habilidad nueva requiere tiempo, independientemente de qué habilidad sea, y la alimentación consciente no es una excepción. Pero una vez que hayas aprendido, dispondrás de una herramienta indispensable para la vida. Y no te dejes desanimar por la lentitud en las comidas que se recomienda en este ejercicio en concreto. Puedes aplicar esta forma consciente de comer también a una comida rápida, y con la misma facilidad. Lo único que ocurre es que a la mayor parte de las personas, al principio, les resulta más fácil hacer las cosas despacio. Además, se puede afirmar que comer así resulta más satisfactorio y permite disfrutar más de la comida.

¿Has encontrado algo sorprendente en el ejercicio? ¿Ha supuesto algo radicalmente distinto a tu manera habitual de comer? ¿Cómo te ha resultado comer sin distracciones, sin mirar la televisión, revisar tu móvil, leer una revista, un libro o hacer algo en Internet? ¿Y cómo ha sido comer algo en soledad, sin charlar al mismo tiempo con alguien? ¿Te has dado cuenta de tus niveles de hambre? ¿Te has dado cuenta de las emociones presentes? ¿Has notado algo nuevo, que no habías notado nunca antes en relación con el chocolate, algo sobre su olor, su aspecto o su sabor? Curiosamente y por extraño que parezca, algunas personas que prueban este ejercicio no llegan ni tan siquiera a introducirse el alimento en la boca, pues cuando lo ven más de cerca, simplemente deciden que no lo quieren. Aunque no sea esta la intención del ejercicio, si su realización te frena en el acto de comer alimentos muy elaborados y refinados, entonces probablemente no sea una mala idea.

La sociedad ha llegado a un punto en el que las personas estamos tan desconectadas con nuestra comida que vamos al supermercado y compramos bolsas de ensalada ya preparada, fruta estéticamente agradable, cortes asépticos de carne y pescado y latas de verduras en conserva —alimentos que llevamos comiendo desde niños—. Y estos son los alimentos considerados «buenos». A menudo realmente no sabemos por qué compramos lo que estamos comprando, simplemente es un hábito, algo que siempre hemos hecho. Pocas veces sabemos de dónde procede el alimento o los ingredientes utilizados para elaborar el producto acabado. Puede que estos detalles no parezcan importantes de manera inmediata para tu cintura, pero, como tendrás oportunidad de constatar más adelante en el libro, en realidad desempeñan un papel muy importante.

De modo que, aunque comer de forma consciente implique el sencillo acto de estar realmente presente, atento y a gusto mientras comes, es también algo mucho más amplio que todo esto. Porque si retrocedes sobre tus propios pasos, es fácil ver que el potencial de cambio comienza mucho, mucho antes. Comienza cuando alcanzas el alimento, quizá cuando lo preparas o cuando lo cocinas, o quizá cuando vas a comprarlo. Comienza cuando te sientas y preparas mentalmente la lista de la compra, cuando tomas la decisión de comprar algo basándote en un deseo, en un hábito o un anuncio fugaz de una oferta especial. Esto nos muestra lo lejos que hemos de llegar hacia atrás en nuestros pasos para observar esos primeros pensamientos, la formación de las sensaciones que nos llevan a comer cosas que preferiríamos no haber comido.

Saca el máximo partido a este libro

Pero ¿cómo puedes conseguir que este libro te funcione, te funcione de verdad..., no ya durante los próximos 10 días, sino para el resto de tu vida? ¿Cómo puedes *ponerte* en forma, *mantenerte* en forma, para *siempre*? He aquí algunos valiosos consejos para sacar el máximo partido a este libro.

Define tu motivación

Cuando se trata de realizar cambios y de mantenerlos, la motivación lo es todo. Si tus motivaciones son claras y sabes exactamente por qué estás haciendo algo, entonces será más probable que lo hagas. En ocasiones nuestras motivaciones están poco definidas. Podemos tener una vaga idea de que queremos ponernos en forma, perder peso o cambiar nuestra figura corporal, pero realmente no tenemos una idea claramente definida de la razón por la que lo estamos haciendo, ni de lo que vamos a hacer para que suceda ni de cuál es nuestro objetivo

exactamente. Por todo ello, a menudo encallamos ante el menor esco-
llo o encontramos una excusa para rendirnos en cuanto aparece el opor-
tuno obstáculo. Mi idea es que encuentres este plan tan interesante
que no tengas problemas en absoluto para seguir la Dieta *Mindfulness*.
Aun así, comienza este programa con absoluta seguridad mental en lo
que estás haciendo, en por qué lo haces, en lo que te gustaría conseguir y en lo que consideras un marco temporal realista para alcanzar
esos cambios. Escríbelo todo si encuentras que ello te ayuda.

Encuentra inspiración

En los últimos años más de dos mil estudios científicos sobre los
efectos beneficiosos de la atención plena han sido revisados y publicados en reconocidas revistas médicas de todo el mundo; y varios milla-
res más están a la espera de ser publicados. Estos estudios proceden de
prestigiosas instituciones, como las universidades de Yale, Harvard,
Princeton, Oxford y Cambridge. De hecho, aquí en Headspace trabajamos directamente con algunas de estas instituciones para profundizar en la comprensión y en el conocimiento de los beneficiosos efectos
del *mindfulness*. Y existe una muy buena razón para tener tanto interés. ¡*Mindfulness* funciona! Se ha demostrado que es eficaz en numerosas áreas de la salud física, emocional y mental y los primeros datos
ponen de manifiesto su eficacia en el abordaje de los factores implicados en la sobrealimentación y la baja autoestima. Emplea estos conocimientos para obtener inspiración, para alimentar tu confianza en la
técnica que vas a aplicar y para convertir esta manera consciente de
comer en parte fundamental de tu vida diaria.

Sigue hasta el final

Puede parecer evidente, pero te asombraría saber cuánta gente compra un libro con la intención de realizar cambios en su vida y luego lo

lee y lo coloca en la estantería sin llegar realmente a aplicar ninguno de los principios que su autor ofrecía. Y luego están los que se *leen* el libro más detenidamente, se sienten un poco insatisfechos al no perder los kilos deseados después del primer par de días y se rinden antes de conocer el programa completo. Y por último, aunque no por ello menos interesante, están las personas que siguen el programa al pie de la letra, alcanzan resultados fantásticos y después, por alguna inexplicable razón, deciden no continuar. Este plan solo te funcionará si lo intentas, lo utilizas y si lo enfocas de una determinada manera. No se trata de una dieta en el sentido convencional del término, ni depende solamente de la fuerza de voluntad que tengas. Esto es lo que hace que seguir una dieta con el método Headspace sea un plan sostenible, para toda la vida.

Tira la báscula

La propuesta de la Dieta *Mindfulness* con el método Headspace tiene que ver con una forma de vivir, con una forma de ser. Es una manera de pasar *menos* tiempo pensando en tu peso y *más* tiempo apreciando la vida en sí misma. Nadie ha perdido nunca peso quedándose de pie sobre la báscula (a menos que se haya quedado sobre ella durante mucho tiempo y sin comer nada). Cuando se trata de medir la grasa corporal, las básculas no sirven para nada. No tienen en cuenta la masa muscular magra, la hidratación ni los demás componentes que integran tu peso corporal. Si decides de verdad empezar a comer de forma consciente, encontrarás de un modo natural el peso adecuado para ti. No necesitas una báscula que te diga que lo has conseguido, puesto que lo *sentirás* por ti mismo. De modo que centra tu interés en otra cosa, en algo que sustituya esas interminables horas de recuento de calorías y, mientras tanto, tira la báscula a la basura.

Encuentra una satisfacción duradera

Mientras tu felicidad dependa de tu talla de pecho, de la curva de tu cintura o del diámetro de tu trasero, la vida te resultará muy frustrante. Esto no quiere decir que no debas sentirte bien contigo mismo y con tu imagen corporal —es estupendo que admires tu talla y tu figura—. Pero nuestra talla y nuestra figura pueden cambiar, como lo hace todo en la vida, y por ello este tipo de felicidad es tan fugaz e inestable. Esta es la razón por la cual son tan importantes en esta dieta los componentes de *mindfulness* y meditación. No solo te permitirán reforzar tus nuevos hábitos de alimentación, sino que te ayudarán a establecer contacto con ese lugar de satisfacción interior, de felicidad subyacente, que siempre está ahí, sin importar la figura, la talla o el peso que tengas.

Prueba algo distinto

Eres libre de aferrarte a todos los buenos consejos sobre nutrición que es posible que te hayan dado en el pasado, pero abandona ahora mismo cualquier idea que pudieras tener sobre dietas relámpago y cambios milagrosos de imagen. Si realmente funcionaran, te habrían servido de algo hace ya mucho tiempo y la industria de las dietas no seguiría prosperando. Una dieta yo-yo no es una forma de vida, y tampoco lo es contar cada caloría que tiene tu plato. De modo que olvida esta vieja forma de pensar y, en su lugar, intenta encontrar tu peso ideal a través de una nueva y *sana* relación con la comida. Recuerda, la *Dieta Mindfulness* no tiene tanto que ver con *lo que* comes o con las *cantidades* que consumes (aunque ambos factores sean muy importantes), sino más bien con el *modo* en el que comes, con tu *relación* con la comida y con la manera en la que esto *influye* en tu dieta.

Olvida los reproches

Todos podemos encontrar excusas para justificar por qué somos como somos, por qué tenemos el aspecto que tenemos o por qué comemos del modo en el que comemos. El reproche es fácil, ya vaya dirigido contra uno mismo o contra otros. Pero el reproche no conduce a nada productivo. No cambiarás tu figura corporal ni alcanzarás tu peso ideal culpando a otros. El reproche solo refuerza un patrón negativo de pensamiento, que te deja anclado exactamente donde estás. De modo que llega a un acuerdo contigo mismo, sin importar lo que hayas hecho o dejado de hacer en el pasado, sin importar lo que hayas dicho o hayas dejado de decir y sin importar los pensamientos que hayas o no hayas tenido: déjalos marchar, al lugar al que pertenecen, al pasado. Aquí radica la belleza de la meditación: te enseña a dejar marchar todas esas cosas. Comer de manera consciente y, más en general, la atención plena te mostrarán que eres libre para ser exactamente quien quieres ser, sin permanecer apegado a viejas modalidades de pensamiento ni al inútil juego de la culpabilidad, que tantos intentos de perder peso sabotea.

Acepta que puedes cambiar

A veces los patrones emocionales están tan arraigados que resulta difícil imaginar que no forman parte de lo que somos. Por ello se puede tener la tentación de tirar la toalla antes incluso de haber empezado, pensando: «¿Qué sentido tiene?». Pero hacer esto es negar el simple hecho de la vida.

Todo está en continuo cambio, cualquier *cosa*, cualquier *persona*. La ciencia ha puesto de manifiesto que, apenas cinco días después de practicar una técnica de meditación de fácil aprendizaje y basada en la atención plena, el área del cerebro asociada al autocontrol se vuelve más activa. Y, algo que resulta aún más impresionante, después de un total de once horas esa misma parte del cerebro empieza a mostrar cambios *físicos* en su estructura. Esto es lo que se entiende por renovar el cableado del cerebro, desaprender viejos hábitos. No se trata solo de pensar de distinta manera. Se trata de proporcionar las condiciones adecuadas para que, en tu disco duro, tengan lugar cambios fundamentales.

Haz caso a tu inteligencia natural

No hay nada en la naturaleza más increíble que el cuerpo humano. Su capacidad de adaptación, cambio y supervivencia es extraordinaria. Pero, de alguna manera, sentimos la necesidad de interferir en su regulación. En lugar de realizar nuestras elecciones alimentarias basándonos en el hambre, las realizamos basándonos en emociones y en la imagen que tenemos de nosotros mismos. Pero el cuerpo sabe lo que hace y sabe lo que necesita hacer para estar en su peso y en su talla óptimos; nosotros solo tenemos que saber escucharlo, conocer las sensaciones a las que debemos responder y aquellas que debemos dejar marchar. De eso trata la atención plena *(mindfulness)*, de la capacidad para escuchar, aprender y confiar en la inteligencia natural del cuerpo y de la mente. La técnica de comer de forma consciente te enseña a hacerlo.

Haz ejercicio

Aunque comer de forma consciente te ayudará a perder peso, si no realizas ningún tipo de ejercicio físico es poco probable que tu figura corporal cambie de manera radical. No hay duda de que realizar algún tipo de ejercicio físico es sin duda bueno para ti —aunque probablemente ya lo sepas—. No es necesario que te conviertas en un adicto al gimnasio; puede ser tan sencillo como dar un buen paseo a marcha rápida todos los días, con algún ejercicio sencillo de musculación para tonificar el cuerpo. Pero sea lo que sea lo que decidas hacer, debes hacerlo con *regularidad* si quieres notar resultados.

Cuando practicas ejercicio, ocurren en tu cuerpo cosas maravillosas. No solo empiezas a quemar grasa corporal, sino que tu metabolismo aumenta, la circulación sanguínea mejora, se liberan potentes sustancias químicas que generan sensación de energía y bienestar y, muy a menudo, las sensaciones de tensión y estrés simplemente se desvanecen. De manera que haz un favor a tu cuerpo y procura realizar un poco de ejercicio todos los días.

Evita las comparaciones

Como seres humanos, somos extraordinariamente parecidos en muchos aspectos. Pero al mismo tiempo cada uno de nosotros es indiscutiblemente único: nuestro código genético es ligeramente diferente del código genético del vecino de al lado, la manera en la que hemos sido criados será probablemente diferente de aquella en la que ha sido criada la persona que trabaja al otro lado de la calle y nuestra vida diaria será posiblemente muy distinta del día a día de las delgadas, elegantes y esculturales modelos que nos sonríen desde la portada de las revistas de moda. Recuerda, el libro *Dieta Mindfulness* no pretende encontrar el peso y la talla ideales de *cualquiera*, sino ayudarte a que *tú* mismo encuentres *tu* figura y *tu* talla ideales.

«Tómate 10 minutos» todos los días

Es posible que esta sea la primera vez que te encuentras con la meditación como parte de una dieta o de una manera de considerar la comida, pero no infravalores su importancia como parte de este plan. Recuerda que la meditación propicia las condiciones perfectas para aprender a ser consciente y que el estado de consciencia o atención plena *(mindfulness)* es la clave para el éxito de todo el planteamiento que nos ocupa. Si eres capaz de aprender a cultivar un fuerte sentido de la consciencia mientras permaneces sentado en calma, sin que nada te moleste, durante un breve periodo de tiempo y todos los días, entonces podrás aplicar ese mismo sentido de calma y claridad a tus hábitos alimentarios. Encontrarás todos los detalles que necesitas conocer sobre «Tómate 10 minutos» en el capítulo 7. (Es posible que haya alguien que prefiera realizar el ejercicio en forma de meditación guiada, en cuyo caso puede hacerlo a través de la página web de Headspace o de la App que he creado también para tal fin, con el nombre de Headspace *on-the-go.*) Incluso si lo realizas solamente durante los 10 días que dura el programa, el ejercicio te permitirá tener una visión única de tu mente, de cómo y de por qué piensas y sientes de la manera en la que lo haces.

Vive la vida con *mindfulness*

Nuestra mente está con nosotros vayamos donde vayamos. Cuando aprendes la técnica de *mindfulness* o atención plena para un área determinada, la aprendes para todas las áreas. Cuando empiezas a desarrollar la capacidad de ser consciente, de tener sensación de calma y claridad en relación con la comida y con tus hábitos alimentarios, desarrollas al mismo tiempo la capacidad de aplicar esas habilidades a cualquier aspecto de tu vida. De modo que no te sorprenda si la atención plena comienza a influir de manera positiva también en otras áreas de tu vida. Es bastante habitual que la persona experimente mayor sensación de calma en situaciones en las que es posible que antes sintiera ansiedad. Tampoco es infrecuente encontrar que las relaciones con los demás fluyen más fácilmente, pues la persona se vuelve más paciente y comprensiva. Y también es bastante habitual considerar con mayor claridad decisiones importantes de la vida —relacionadas con la comida o de otro tipo.

Piensa más en los demás

Para la mayoría de la gente, el hecho de estar en forma, comer bien e incluso perder peso requieren una gran dosis de interés por uno mismo. Muy a menudo estas personas se convierten en adictas a esta actitud mental, a esta manera de ser, de tal forma que su vida gira en torno a un interés obsesivo por su figura, su talla y su peso. Esta no es una forma divertida de vivir, ni para el individuo en cuestión ni para quienes lo rodean. Así pues, resulta muy útil de vez en cuando distanciarse un poco e intentar ver cómo estos cambios estás afectando a las personas que te rodean, aparte de a ti mismo. Quizá tu motivación para recuperar la figura sea estar en forma y sano por tus hijos, por tus padres o por otras personas cercanas a ti. Después de todo, no se trata solo de estar bien por fuera, sino también de estar sano por dentro. La mayor parte de las personas se dan cuenta de que cuando cambian de motivación, pensando más en los demás, la vida no solo se les hace más agradable, sino que esos objetivos tan problemáticos y a menudo difíciles les resultan mucho más fáciles de alcanzar.

Entra en la web de Headspace

www.getsomeheadspace.com/books/theheadspacediet

Recuerda que, aunque este libro contiene todo cuanto necesitas saber para emprender tu viaje hacia una forma de vivir y de comer plenamente consciente, la página web de Headspace te ayudará sin duda en tu experiencia. En la web encontrarás animaciones, vídeos y fragmentos de audio que te ayudarán a comprender la meditación y a aplicar más fácilmente una alimentación plenamente consciente. Consulta en la web de Headspace los enlaces a páginas muy útiles que encontrarás a lo largo del libro. Y si, en los próximos 10 días, empiezas a notar la diferencia en cuanto a tu aspecto y en cuanto a la forma de sentirte y decides que te gustaría contar con más soporte y consejos, o incluso que te gustaría apuntarte al Headspace Journey para un plan de un año de meditación basada en el *mindfulness*, podrás encontrar toda la información que necesitas en www.getsomeheadspace.com.

CAPÍTULO 2

Razones de peso

El mundo se ha vuelto loco

Cuando estés tratando de comprender tu relación con la comida, puede ayudarte tener una visión más amplia de la realidad. Vivimos en un mundo en el que más de 1.500 millones de personas tienen sobrepeso u obesidad, lo cual significa que la salud y el bienestar de casi el 25 por ciento de la población mundial se encuentra seriamente amenazada por su exceso de peso. Lo cual equivale a decir que 1 de cada 4 personas se halla en riesgo directo de cardiopatía, diabetes, hipertensión, cáncer y artrosis. Y este el mismo mundo en el que se estima que 800 millones de personas pasan hambre todos los días. De modo que existen actualmente en el mundo el doble de personas que se enfrentan a riesgos para su salud por comer en exceso o por falta de ejercicio que personas que sufren hambre y malnutrición por falta de alimentos y de los nutrientes adecuados.

Solamente en el Reino Unido el nivel de obesidad se ha triplicado en los últimos 20 años, de modo que actualmente más del 60 por ciento de los adultos son obesos o presentan sobrepeso. Y los datos no son mucho mejores para la generación más joven. A lo largo de los últimos 10 años la obesidad se ha duplicado entre los niños de 6 años y se ha triplicado entre los de 15 años.

Y las previsiones para los próximos años no son mejores. En un reciente estudio internacional llevado a cabo por la Universidad de Oxford se apuntó que en 2030 casi la mitad de los hombres y mujeres del Reino Unido serán obesos. Es probable que este salto masivo tenga importantes implicaciones para el resto de la sociedad, no solo para los servicios de atención sanitaria. El informe indica que causará 668.000 casos más de diabetes, 461.000 de cardiopatías y 130.000 casos más de cáncer. Se estima que, como mínimo, todo ello generará un coste adicional para el Sistema Nacional de Salud de aquel país de 2.000 millones de libras al año. Estas cifras son tan altas que cuesta asimilarlas. A veces resulta más fácil simplemente reflexionar sobre la infelicidad que te produce sentir que tienes sobrepeso o sobre la preocupación o la tristeza que te genera ver que un ser querido sufre los efectos de la obesidad o del sobrepeso. Si lo haces, todas estas cifras cobran de repente mucho más significado.

Uno de los aspectos más llamativos de estas cifras es que tales estadísticas proceden fundamentalmente de países desarrollados. Corresponden a sociedades en las que desde hace muchos años se vienen aplicando políticas educativas muy diversas orientadas de manera específica a reducir la obesidad (y aumentar el consumo de alimentos sanos). En términos generales, no se trata de personas sin educación o que no saben lo que deben o no deben comer. Y aun así el problema ha alcanzado proporciones de epidemia y sigue aumentando a una velocidad alarmante. ¿Qué ha ocurrido? ¿Qué es lo que ha ido mal? ¿Por qué somos cada vez más gordos?

No hay duda de que, por un lado, las autoridades sanitarias nos exhortan a comer menos, a que nos alimentemos de forma más saludable y a que hagamos más ejercicio, pero, por otro lado, y al mismo tiempo, prospera una industria que depende de nosotros para vender sus productos y que nos anima a comer más, a alimentarnos de forma menos saludable y a hacer menos ejercicio físico. Sin querer en modo alguno sonar cínico ni instigador, conviene reconocer el simple hecho de que ciertos elementos de la industria alimentaria hacen dinero, mucho dinero, muchísimo dinero tratando de vendernos esos mismos alimentos a los cuales tratamos de resistirnos, no siempre con éxito.

Es esta una industria que genera miles de millones de dólares, una de las más grandes del mundo. Y no debemos hacernos ilusiones en relación con las motivaciones primarias de tales elementos dentro de la industria alimentaria. Después de todo están en el negocio para hacer dinero. Si pueden vender más productos mejorando el sabor de las cosas (léase: añadiendo más grasa, sal y azúcar), podemos estar seguros de que lo harán. No es que sea lo correcto, pero no cabe esperar otra cosa. ¿Deberíamos tratar de cambiar esta situación? Sin duda alguna, pero lleva su tiempo. Mientras tanto, ¿debemos basar nuestras elecciones alimentarias en las recomendaciones tácticas y en las seductoras campañas publicitarias de la industria alimentaria? Por supuesto que no.

Un aspecto que a menudo se pasa por alto es que la industria *dietética* forma parte en realidad de la industria *alimentaria* y que, a pesar de la reciente crisis, sigue creciendo por encima de un 10 por ciento al año. De hecho, las actuales predicciones comentan que, para el año 2014, la industria global centrada en bajar peso tendría unos ingresos estimados de 586.300 millones de dólares al año. He mirado la cifra una y otra vez. Al principio pensé que se trataba de un error. Eran 586.300 millones de dólares gastados en alimentos, bebidas, suplementos y ayudas para perder peso. Y cerca del 90 por ciento de todo este gasto corresponderá a Estados Unidos y Reino Unido.

Una vez más, solo para considerar esta cifra en perspectiva, Naciones Unidas ha estimado el coste que supondría acabar con el hambre en el mundo en 195.000 millones de dólares al año. De modo que, en 2014, gastaremos tres veces más en productos para bajar peso que el coste que supondría alimentar a todas las personas hambrientas del mundo. ¿Realmente puede considerarse esto una manera consciente de comer? ¿Puede considerarse una manera consciente de vivir? En verdad, el mundo se está volviendo loco. Pero eso no quiere decir que tengamos que participar en la locura. Podemos optar por ser diferentes, por ser más conscientes en nuestra manera de comprar, de cocinar, de preparar y de comer los alimentos. Podemos optar por ser más conscientes cuando elegimos restaurante o cuando comemos algo sobre la marcha. Al tomar estas decisiones, no solo mejoraremos nuestra vida y alcanzaremos nuestros objetivos, sino que además estaremos contribuyendo a cambiar también la vida de otros.

El mundo de las dietas

¿Te has parado alguna vez a pensar detenidamente en el mundo de las dietas para adelgazar? No en unos de esos momentos en los que te atormenta la culpabilidad, justo después de una comilona, cuando comprarías cualquier cosa, sino en un momento de racionalidad. Yo tuve uno de esos momentos cuando empecé a investigar para este libro. No voy a decir ahora que fuera un campo que me resultara totalmente ajeno, porque, como ya he dicho, antes de aprender a comer de forma consciente fui uno de los primeros consumidores de estos productos. De hecho, al poco tiempo de empezar a interesarme por la industria de productos para quemar grasa me metí de lleno en ese mundo. Compraba libros, revistas, alimentos, bebidas y cualquier cosa que saliera al mercado. Pero, si miro ahora a mi alrededor, veo que ciertos aspectos de la industria dietética han cambiado. Ahora existen la cirugía y los fármacos, muchos de ellos disponibles en Internet. Hay gente por ahí dispuesta a reducir la longitud de su tubo digestivo, a enrollarse una venda alrededor de la barriga para limitar la cantidad de comida que consumes o a colocar en su estómago, mediante cirugía, un balón lleno de agua para que tengas sensación de plenitud. Existen incluso pastillas para prevenir la absorción de grasa y su paso al torrente sanguíneo. Todas estas prácticas son algo muy serio e indudablemente hallan justificación en los casos crónicos y más graves, pero quedan abiertas al abuso y a la mala interpretación por parte de la sociedad en conjunto. Por fortuna, la mayor parte de las personas nunca necesitarán recurrir a tan drásticas medidas.

Pero ¿qué ocurre con la persona media, con un ligero sobrepeso y que desea perder un par de kilos? Pues bien, los libros de dietas de todo tipo que siempre han existido ciertamente siguen estando presentes. Unos que te animan a prescindir de los carbohidratos y a no comer nada más que proteínas, reduciendo de forma radical la población animal del mundo, comida a comida. Y luego, en el otro extremo del panorama, están los libros que preconizan una forma de vida vegetariana, según la cual incluso los productos lácteos son considerados tabú. Hay dietas que recomiendan los cítricos como preparación para ir la playa y dietas que recomiendan las verduras, ricas en fibra, como preparación para ir al baño. Muchas dietas defienden la ausencia completa de alimentos sólidos, de modo que todos los nutrientes entran en el organismo en forma de batidos llamados «sanos», generalmente con nombres que suenan muy científicos y que contienen ingredientes más propios de un laboratorio químico.

En serio, no te lo puedes ni imaginar. Hay una dieta ahí fuera pensada para cada tipo de persona y que incluye consejos nutricionales que a menudo rayan en lo extremo. Existen incluso cientos de libros de dietas pensados de manera específica para niños y adolescentes.

Pero ya sean libros, pastillas, pociones o lociones, muchas de las afirmaciones que realizan los fabricantes de estos productos adelgazantes son totalmente absurdas. Algunas rozan las fronteras de la ciencia y la fisiología, otras rozan las fronteras de la más pura fantasía. En el mejor de los casos, estas afirmaciones son inocuas, incluso ridículas, pero en el peor de los casos generan en las personas estrés por razones económicas, preocupación emocional y, en casos extremos, daño físico. Hace unos años la Federal Trade Commission de Estados Unidos publicó un estudio en el que refería que más del 55 por ciento de todas las afirmaciones sobre adelgazamiento eran de dudosa credibilidad. Si bien admiro el lenguaje diplomático, se me ocurren muchas otras formas de describir esas aseveraciones.

Un reciente informe, redactado por el grupo de análisis Mintel, llegó a la conclusión de que, en el Reino Unido, aproximadamente 13 millones de personas siguen una dieta de adelgazamiento. Es decir, 1 de cada 4 personas intentan en algún momento reducir su ingesta de calorías. El estudio encontró asimismo que aunque las personas eran conscientes de la necesidad de comer bien por su salud, la mayoría seguían una dieta por razones estéticas, para tener una bonita figura. ¿Duda aún alguien de que la industria del adelgazamiento mueve mucho dinero?

Estoy seguro de que numerosos libros y programas de adelgazamiento son de la más alta calidad y de que han cambiado la vida de muchas personas, pero tengo serias dudas sobre su efecto a largo plazo. De hecho, sabemos que este tipo de dietas suelen ser efímeras y, sus resultados, de corta duración. A diferencia de lo que ocurre cuando se aprende a comer de forma consciente, me cuesta imaginar cualquiera de estas dietas dentro de 2.000 o 3.000 años (aunque me encantaría equivocarme). ¿Cuántas dietas has seguido? Haz una lista, si es necesario. De todas ellas, ¿cuántas han hecho posible que perdieras peso? ¿Cuántas te han permitido alcanzar tu peso *ideal?* Y, de todas ellas, ¿cuántas han hecho posible que te *mantuvieras* en tu peso ideal? Exacto.

El National Institute of Health (NIH) de Estados Unidos estima que la mayor parte de las personas que siguen una dieta de adelgazamiento «recuperan dos tercios del peso perdido en el año siguiente a haber completado su plan de dieta». Cabe esperar que estas mismas personas recuperen «todo el peso perdido o incluso algo más en cinco años». Tras conversar con muchos hombres y mujeres en mi trabajo de investigación para escribir este libro, me inclino a pensar que las cifras del NIH son muy optimistas. La mayoría de las personas con las que he hablado dicen que pocas veces mantuvieron el peso durante más de unas semanas después de terminar la dieta. Y este es el problema, pues las dietas están concebidas para comenzar y después terminar. Su propio planteamiento sugiere temporalidad. Pero ¿cómo puede ser sostenible algo que es temporal, cómo puede algo que ha sido concebido para ser una experiencia de corta duración convertirse en una forma de vida a largo plazo? Y esta es la razón por la cual comer de forma consciente es tan diferente. Sí, se trata de un modo de comer, pero también se trata de un modo de vivir, de un modo de ser, para el resto de tu vida. Es una manera de *ponerse* en forma, de *mantenerse* en forma, *de por vida.*

Los valores de la sociedad

¿Por qué quieres perder peso? ¿Por qué quieres cambiar tu figura o tener un aspecto diferente del que tienes ahora? ¿Es por tu salud, porque te han dicho que *necesitas* perder peso? ¿O es porque no te gusta tu aspecto o cómo te sientes? ¿Es porque uno de tus amigos acaba de perder peso, porque te vas pronto de vacaciones, o porque te has dejado llevar por una foto en una revista o por una historia de uno de esos programas de televisión de cambio de imagen? Tómate unos minutos para aclarar en tu mente por qué vas a seguir este plan de 10 días, esta nueva manera de comer. También puede ser que no quieras perder ningún kilo, sino que simplemente pretendas mejorar tus hábitos alimentarios y cambiar tu relación con la comida. De cualquier modo, intenta aclarar cuál es tu objetivo, cuál es la influencia más poderosa que te conduce hacia él y qué sucederá cuando lo alcances.

Existen cuestiones realmente importantes que te llevan hacia lo que quieres ser en materia de salud, peso, talla y figura. Es natural querer mejorar, querer sentirse bien; se trata de cambios buenos, positivos. Pero también es importante recordar que esas cosas son solo una parte muy pequeña de lo que hace que seas la persona que eres. Esas cosas no te *definen,* por mucho que a veces pueda parecerte que es así y por mucho que la sociedad y sus imágenes te animen a pensar de manera distinta. Para que esta técnica de alimentación consciente funcione, para que se convierta en parte de tu forma de comer y de vivir para el resto de tu vida, es esencial que no confundas estas dos cosas. *Tú no eres solo tu aspecto.* Del mismo modo que no eres solo tu peso, ni tu talla de cintura ni tu talla de pecho. Esta es la razón por la cual es tan importante encontrar ese lugar subyacente de satisfacción interior *al mismo tiempo* que se pierde peso.

El ser humano, por naturaleza, quiere creer en algo y esas creencias hallan reflejo en nuestros valores. Podemos creer en una idea, en una persona, en un concepto, un método, una manera de vivir o una manera de ser, pero todos creemos en algo —¡aunque sea en nada!—. En general, estas creencias y ambiciones suelen ser reflejo de los valores de una sociedad más amplia, y siempre ha sido así. No importa lo extravagantes, superficiales o imprudentes que sean: siempre que un número suficiente de personas en la sociedad (o al menos las más influyentes o las que toman las decisiones) las defiendan pasarán a ser normales, aceptables e incluso deseables. Por ejemplo, hubo una época en la que tener sobrepeso estaba de moda. Era un signo de virilidad, fertilidad, poder y salud. De hecho, en algunas culturas del mundo se mantiene esta actitud. Pero ¿qué ocurre cuando estos valores empiezan a confundirse? ¿Qué sucede cuando los anhelos de la sociedad dejan de reflejar los verdaderos deseos del individuo? Y ¿qué sucede cuando estas creencias y aspiraciones empiezan a dañar a la sociedad?

La mayoría de las personas solo quieren ser felices, lo sé. A fin de cuentas, lo único que desean es estar a gusto consigo mismas y sentirse cómodas en su propia piel. El deseo de ser más delgado o de tener más músculo no procede de un verdadero anhelo personal, sino de una visión más amplia de una sociedad que alienta este tipo de comportamiento. De igual modo la participación de estas personas en una industria dietética que promueve un ciclo sin fin de modas y novedades que vienen y van no surge de su propia confianza personal en el potencial generador de felicidad de las dietas, sino de una sensación de presión y coacción para «estar a la altura del resto». Imagínate que vivieras en una isla desierta y que nadie fuera a volver a verte nunca más. ¿Seguirías teniendo los mismos deseos de perder peso, la misma intención de cambiar tu figura? Sospecho que la intensidad de esos anhelos no sería la misma.

Tomar medidas para alcanzar tu peso ideal es, sin duda, una actitud positiva. Pero debemos estar seguros de que los cambios que introducimos parten del lugar correcto. Si parten de la obligación, la presión o la influencia, es poco probable que funcionen, dado que en algún momento sentirás el impulso de rebelarte contra esa sensación de obligación, y todos sabemos lo que ocurre en tales situaciones (se abre el camino hacia la caja de galletas). De modo que asegúrate de que tu motivación para seguir este programa refleja *tus* propios valores y no solo los de la sociedad en conjunto. Todos sabemos que el estándar moderno de peso, figura, talla y forma física, fomentado por las portadas de las revistas, es esencialmente inalcanzable —hasta para los más diligentes y concienzudos seguidores de dietas—. Resulta irónico que sea inalcanzable incluso para las modelos, razón por la cual sus fotografías, a menudo, aparecen retocadas. Esas fotos han llegado a convertirse en nada más que pura fantasía, imágenes de ordenador a las que aspiramos.

Pero no somos imágenes de ordenador y, por supuesto, en la vida real no existe la posibilidad de retocar. Somos seres humanos, y nuestro peso, nuestra figura y nuestra talla reflejan este simple hecho. Ello no significa que no podamos tener un aspecto magnífico, fantástico, hermoso y a la moda. No significa que no podamos aspirar a lucir lo mejor de nosotros mismos. Solo significa que necesitamos que el resultado provenga de nuestra propia visión ideal, y no de una visión que la sociedad nos haya impuesto. De modo que piensa en lo que *tú* querrías conseguir con *Dieta Mindfulness*, en el peso con el que *tú* serías feliz y en la figura corporal con la que *tú* te sentirías increíble.

Tú y tu cuerpo

¿Cómo te sientes en lo que respecta a tu cuerpo? Sé brutalmente honesto —no tienes que compartirlo con nadie más—. ¿Cómo hace que te sientas? Soy consciente de que esta reflexión puede ser como una tortura para algunas personas, y no debe sorprenderte que este tipo de preguntas provoquen en tu mente algo de incomodidad y tensión. Si es así, intenta que esa sensación permanezca durante unos minutos, en lugar de buscar una distracción. Por muy contraria a la intuición que pueda parecerte esta actitud, se trata de un aspecto clave de la atención plena o *mindfulness* y empezará a tener mucho más sentido a medida que vayas avanzando en la lectura del libro.

Cuando tengas ocasión, me gustaría que te colocaras desnudo frente a un espejo (pero, por favor, lee el resto de la frase antes de quitarte la ropa) en un lugar privado, en tu casa, donde sepas que nadie va a molestarte. Mírate en el espejo. Mírate *de verdad*. Y ahora hazlo sin meter tripa, sin sacar pecho, sin poner morritos ni marcar pómulos. ¿Cómo te sientes? ¿Qué hay ahora mismo en tu mente, calma o caos? ¿Claridad o confusión? Sin tratar de cambiar la forma en la que te sientes, sin tratar de crear una historia en torno a tu aspecto y sin tratar de expulsar todos los pensamientos que encuentras incómodos, simplemente mira lo que tienes ante ti y *date cuenta* de cómo te sientes. Sé consciente de que la mente se centra automáticamente en aquellas áreas que generan incomodidad y, en la medida de lo posible, intenta ver la imagen completa, el cuerpo en conjunto, en lugar de comenzar por una parte concreta.

Si eres como la mayor parte de la gente, habrás encontrado estos dos ejercicios algo molestos. Ello se debe a que la realidad, a veces, resulta algo molesta. No me refiero a la *idea* de nuestro aspecto, que llevamos en nuestra mente y que proyectamos en la imagen que vemos en el espejo. No me refiero a la idea que tenemos de nosotros mismos basada en lo que los demás nos han dicho (o no nos han dicho) en el pasado. Me refiero a la realidad —esa cruda y a menudo molesta situación de tener que aceptarte exactamente tal y como eres—. Es lo que se conoce como empezar desde donde estás. No importa lo difícil que resulte conocerla y aceptarla: la realidad ha de se contemplada con total claridad para poder conducir a un cambio positivo. De otro modo cualquier cambio que realices se basará en la confusión, en una falsa idea de cuál es tu aspecto. Con objeto de obtener un cambio sostenible, es necesario que existan aceptación y comprensión de la realidad en la que te encuentras en este momento.

Muchas personas tienen una visión tan fuerte del aspecto que les gustaría tener que les cuesta muchísimo aceptarse *(mindfulness)* como son. Se trata de una actitud frecuente y la práctica de la atención plena puede ayudar mucho cuando se produce. A muchas otras personas les da auténtico *terror* aceptarse, porque piensan que les impedirá alcanzar sus ambiciones y objetivos de pérdida de peso. Pero esto es malinterpretar las palabras. Aceptación no significa sentarse y no hacer nada, permanecer indiferente a una situación que puede cambiar a mejor. Aceptación significa reconocer la situación tal y como es, reconocer la necesidad de cambio cuando sea necesario y, si procede, llevar a cabo los cambios desde una posición de serena calma y lúcida percepción. Demasiado a menudo la motivación para el cambio proviene de la confusión, la inquietud, la ansiedad, la tristeza, la frustración, el desprecio de uno mismo, la soledad o la culpabilidad. Piensa en ello, ¿cuántas veces han sido estas emociones responsables de que quisieras cambiar algo de ti mismo?

No pienses en lo que esto significa, en las implicaciones que tiene. En esta situación la elección es a la desesperada. O bien mantienes esa sensación negativa, esa inquietud, para lograr tu objetivo deseado o, si realmente es tu única fuente de motivación, tienes que dejar a un lado esa percepción emocional y aceptar el fracaso en tus esfuerzos por cambiar.

Es una situación trágica y, sin embargo, es la relación que muchísimas personas tienen con su cuerpo. Esto significa que existen millones de personas que cultivan activamente una sensación de ansiedad y de aversión hacia sí mismas (de forma consciente o no), con la finalidad de alcanzar un objetivo de pérdida de peso. Pero cuando alcanzan ese objetivo (*si* lo alcanzan), la sensación se ha convertido a menudo en un hábito tan fuerte que son incapaces de deshacerse de ella. Entonces se convierten en prisioneras de ese bucle emocional de odio hacia sí mismas, de querer ser diferentes, de tratar de alcanzar la perfección (sea cual sea). Para los demás, para quienes no son capaces de mantener el ataque prolongado contra sí mismos, para aquellos que ceden a la presión emocional antes de alcanzar su objetivo, la confusión es compleja, porque se sienten como un fracaso, aunque no sean culpables de nada. ¿Algo de todo esto te resulta familiar? Si es así, no estás ni mucho menos solo.

Deja que lo ponga todo en contexto. ¿Puedes cambiar tu aspecto? Sí, desde luego. Con los alimentos adecuados, la cantidad apropiada de ejercicio físico y un enfoque consciente de tus hábitos de alimentación puedes cambiar tu figura, tu talla y tu peso, para mejor. Y este libro te enseña la manera de hacerlo. Pero no subestimes la importancia de una mente serena y de una visión clara a la hora de hacer realidad estos cambios. Por muy extraño y poco intuitivo que parezca, aceptarte a ti mismo, con tu aspecto, ahora mismo, es lo que te permitirá crear las condiciones adecuadas para cambiar en el futuro. Recuerda que la aceptación no es un lugar en el que no tienen cabida los cambios, sino que implica cambiar desde la posición correcta. E incluso cuando se produce el cambio, lo que cambia no es *quien tú eres,* lo que cambia es *tu aspecto.* Y para mí, esa es la verdadera belleza de la atención plena. Te muestra cómo encontrar en tu interior ese lugar de serena aceptación, un lugar libre de pensamientos, juicios, críticas y culpas. Te enseña a acceder a ese lugar de paz absoluta, en el que la valoración de uno mismo, la autoestima y la seguridad interior son los valores que importan, independientemente de cuál sea tu aspecto o de cuánto peses.

¿Por qué esperar hasta que hayas alcanzado tu peso y tu figura corporal ideales para ser feliz? ¿Por qué no aprender a encontrar esa sensación subyacente de satisfacción *al mismo tiempo* que consigues tus objetivos de perder kilos? De ese modo puedes estar seguro de que siempre estarás abordando tus objetivos desde una buena posición, con una motivación sana y bien definida. También significa que la tarea de perder peso no te supondrá un esfuerzo monumental, no tendrás que dejar todo lo demás a un lado y mantener a raya las llamadas sensaciones negativas. En lugar de ello, podrás alcanzar tus objetivos de un modo equilibrado y relajado, al mismo tiempo que vives y que disfrutas de la vida. ¿No te parece esta una manera más sensata y gratificante de encontrar tu peso ideal?

Tú y tu comida

¿Conoces a alguien que tenga una relación totalmente sana con la comida? Me refiero a alguien que *no* tenga caprichos, que *no* sienta aprensión hacia ciertos alimentos o que *no* coma desde una posición emocional en lugar de hacerlo por hambre. ¿Conoces a alguien que *nunca* haya comido pensando en perder peso, que *nunca* se haya sentido culpable después de comer y que *nunca* se muestre agobiado por pensamientos relacionados con la comida o por emociones contradictorias en relación con lo que «debería» y «no debería» comer?

Me gustaría poder decir que conozco a un montón de personas con una relación sana con la comida, pero la verdad es que me cuesta nombrar aunque solo sea a unos cuantos. Por supuesto, todo ha de contemplarse dentro de una escala variable, pero es importante que te des cuenta de que no estás solo, de que tener esos pensamientos y experimentar esas sensaciones en relación con la comida es totalmente normal, aunque sea con diferentes niveles de intensidad. Viviendo en una sociedad moderna, con valores que son propuestos y fomentados como «normales», sería casi imposible no tener en algún momento alguno de estos pensamientos o sensaciones.

En muchos sentidos nuestra relación con la comida es diferente a cualquier otra, porque se trata de un tipo de relación que no podemos romper. No hay manera de escapar de uno mismo, ni de la comida y, por otro lado, a menos que estés planeando irte a vivir a la selva amazónica o a las montañas del Himalaya, tampoco hay manera de que te mantengas al margen de los valores y de las actitudes de la sociedad moderna. Así que es necesario encontrar la manera de tener una relación sana con la comida, viviendo en el mundo en el que vivimos y a pesar de las presiones existentes. El lugar de partida ha de ser el aquí y ahora. Comprender tu punto de vista sobre la comida *ahora* es esencial para realizar cambios para el *futuro*. Por ejemplo, ¿consideras la comida como un amigo o como un enemigo? ¿Es algo de lo que disfrutar o a lo que resistirse? ¿Te causa placer o dolor? ¿Contemplas la comida por lo que es o por el efecto que piensas que tendrá sobre tu peso? ¿Ves la comida como un regalo para el cuerpo o simplemente como combustible? ¿Y tienes sensación de aprecio en relación con la comida, o bien de resentimiento?

Toma papel y bolígrafo y escribe las primeras diez palabras que te vengan a la cabeza cuando piensas en comida. Ahora piensa en un alimento que consideres sano o «bueno» y escribe las primeras tres palabras que te vengan a la mente a propósito del mismo. A continuación, repite el ejercicio, pero mientras piensas en un alimento que consideres insano o «malo». Es sorprendente el lenguaje que utilizamos cuando nos referimos a la comida —a veces puede sorprendernos la fuerza que llegan a tener las sensaciones—. Recientemente pedí a un paciente que acudió a la clínica de Headspace que realizara este ejercicio. Entre las palabras de la primera lista figuraban asociaciones tan dispares y fuertes como «amigos, mamá, amor, gula, pastel, grasa». Cuando se le pidió que pensara en un alimento sano, se le ocurrieron «limpio, feliz, bueno» y cuando pensaba en un alimento insano, se le ocurrían palabras como «grasa, grasiento, horrible».

Es aquí donde la atención plena o *mindfulness* y el comer de forma consciente adquieren tanta importancia. Porque si estos son los pensamientos que rondan tu mente, será fácil que *reacciones* a ellos, para creértelos o para rebatirlos, lo cual incluso aumentará el conflicto en la mente. *Mindfulness* te enseña a ser consciente de los pensamientos y de las sensaciones que existen en tu mente, pero *sin* juicios y críticas. De modo que, en lugar de *reaccionar* a estos pensamientos y sensaciones (y perpetuar el conflicto interno o parloteo habitual relacionado con la comida), puedas dar un paso atrás, contemplar esas sensaciones desde una nueva perspectiva y *responder* desde un lugar de calma y elección considerada. Esto es algo que solo puede suceder si eres consciente de estar presente y de vivir el momento. Si tu mente está ocupada por un montón de pensamientos que te distraen y de los que no eres plenamente consciente, entonces es imposible que hagas esta distinción.

Ahora tómate un momento para considerar con qué frecuencia realmente *saboreas* los alimentos que comes. Seguramente saborearás el primer mordisco, al menos en parte, porque quieres comprobar que estás comiendo lo que esperabas comer. También querrás comprobar que la comida es segura para su consumo, que no está en mal estado. Pero después, probablemente, empezarás a comer en un estado de semiinconsciencia. ¿Te resulta familiar? No quiero decir que estés medio dormido o desplomado sobre la mesa, sino más bien que estarás distraído con cualquier otra actividad. No es difícil mover el tenedor hacia delante y hacia atrás en el plato, o llevarte un sándwich a la boca. Sin duda, habrás desarrollado la habilidad de realizar esta tarea sin ni siquiera pensar en ella, de la misma manera que eres capaz de caminar o de respirar sin realizar un esfuerzo consciente. Esto supone que podemos comer mientras leemos el periódico, trabajamos frente al ordenador, vemos la tele, chateamos por el móvil o hacemos mentalmente planes para el día siguiente. Y todo ello mientras vamos metiendo comida en la boca, con apenas la consciencia imprescindible para no derramárnosla sobre el pecho.

En cierto modo es toda una hazaña, pero supone que nos perdemos la *experiencia* de comer. Comemos y seguimos comiendo cuando ya no tenemos hambre. Comemos por hábito, más que por elección. Comemos al ritmo de la actividad que estamos realizando (¿has intentado alguna vez comer mientras ves un deporte o una película de acción en televisión?). Comemos sin sensación de disfrute, sin prestar atención a los sabores, los olores y las texturas de los alimentos. Y luego «despertamos» de nuevo, para encontrarnos con que hemos llegado al último bocado. De hecho, es bastante corriente «estar presente» solo para el primer y para el último bocado.

Mindfulness (y más concretamente comer de forma consciente) te enseñará a salir de esta locura, a estar presente, consciente y en condiciones de disfrutar de las elecciones alimentarias que realices. Te conferirá la capacidad y la confianza necesarias para atender las genuinas necesidades de tu cuerpo, en lugar de simplemente reaccionar frente a emociones fugaces. Este es el fundamento de cualquier cambio sostenible en nuestros hábitos de alimentación y es la base de la Dieta *Mindfulness* con el método Headspace.

CAPÍTULO 3

Por qué comemos como comemos

Existe una clara diferencia entre *comprender* por qué comes de la manera en que comes y buscar a alguien (o algo) a quien *culpar* por tu actual relación con la comida. Comprender la causa de algo (sin implicarse demasiado en su análisis) suele conducir en general a una mayor paz mental y a una aceptación más dócil de la situación tal y como es. La culpabilidad, por otra parte, implica menos paz mental, más confusión y más conflicto interior. Como ya he mencionado en la «Introducción», la aceptación es a menudo malentendida como una cualidad pasiva, que se opone al cambio. Pero en realidad, la aceptación te permite efectuar cambios desde el lugar correcto, con la motivación adecuada y con claridad suficiente para que el cambio perdure. Aceptar en qué punto te encuentras justo ahora no es muy distinto de saber en qué punto exacto del mapa te encuentras cuando planeas un viaje. Es esencial. Parte del movimiento hacia ese lugar de aceptación pasa por comprender y asumir algunos de los numerosos factores que pueden haber influido de manera negativa en tu relación con la comida, o en la relación con tu propio cuerpo. Recuerda que no se trata de culpar, se trata de comprender.

Naturaleza frente a educación

Cada individuo es único, con una personalidad propia y unos rasgos específicos. Puedes verlo en los recién nacidos, cuando apenas tienen unos días de vida. Algunos son por naturaleza tranquilos, parecen felices ahí acostados y dormidos, mientras que otros son inquietos y llorones desde muy pronto. Para estos niños tan pequeños no ha transcurrido aún tiempo suficiente para que la influencia parental o social haya surtido efecto, de modo que los rasgos de personalidad suelen responder a la diversidad de la naturaleza. En los adultos se observa a menudo cómo estos rasgos característicos se expresan de forma más evidente, con un impacto muy marcado sobre la alimentación y los hábitos alimentarios. Puede que alguna vez hayas deseado ser diferente, que hayas pensado que las cosas serían mucho más fáciles si fueses como Fulano o Mengano. Pero desear que esa naturaleza fundamental sea diferente no es muy distinto de querer que una manzana verde sea roja, o que una zanahoria sea una porción de pastel.

El carácter básico con el que nacemos queda luego cubierto por la personalidad que va tomando forma a medida que crecemos. Esta personalidad se alimenta de los valores, las opiniones, preferencias y comportamientos de quienes nos rodean desde muy temprana edad. Padres, hermanos, familiares y otras influencias contribuyen a la formación de nuestra personalidad. Esto sucede muy pronto, muchos psicólogos consideran que la personalidad se encuentra prácticamente formada a la edad de apenas cinco o seis años. Durante este tiempo también se conforman muchas de nuestras primeras actitudes ante la comida. Para entonces habremos captado la forma en la que se habla de la comida, nos habremos dado cuenta de la manera en la que se consumen los alimentos, del modo en el que se utilizan para recompensar y castigar y nos habremos dado cuenta de lo que se considera un comportamiento adecuado en relación con la comida y lo que se considera inaceptable.

Esto no quiere decir que todos tus hábitos alimentarios tengan su origen en esa etapa de la vida, ya que muchos de ellos se forman bastante más tarde, pero resulta útil reconocer que muchos de tus pensamientos y gran parte de tu conducta en relación con la comida tienen un largo camino a sus espaldas. Esta es la razón por la cual nunca puede alcanzarse un cambio sostenible con una dieta temporal; lleva tiempo renovar esos patrones de conducta ya establecidos. Por el camino, una vez que comienzan a comer de forma consciente, muchas personas se dan cuenta del origen de sus hábitos alimentarios. Todo esto se reconoce desde una posición de comprensión, más que desde una posición de reproche, de modo que resulta muy útil. Además, puede llegar a sorprenderte, pues entenderás muchas cosas: «Ah, así que por *eso* lo hacía…».

El código genético

«Estoy hecho así. Siempre he tenido esta figura. Soy de esqueleto grande. Son los genes de la familia, ¿qué puedo hacer?» ¿Cuántas veces has oído decir estas cosas a la gente? Puede que tú mismo las hayas dicho alguna vez. No hay duda de que ciertas personas parecen tener mayor propensión que otras a ganar peso. Amplios estudios científicos llevados a cabo a lo largo de años han puesto de manifiesto que, mientras que algunas personas encuentran muy difícil *ganar* peso (procura no ser demasiado envidioso), otras tienen dificultad para *perderlo*. También es verdad que algunas personas proceden de familias que son —¿cómo diría?— de linaje resistente. Las personas pertenecientes a estas familias son verdaderamente de constitución a más grande y a menudo de naturaleza más fuerte. Es posible que en el pasado esto se considerara una importante ventaja, pero sospecho que no debe ser muy del agrado de quienes desearían ser más delgados y más menudos y que no viven ya compartiendo territorio con animales salvajes.

Cabe pues preguntarnos si la razón de nuestras cinturas en expansión se encuentra encerrada en el código genético de nuestro ADN. Dicen los científicos que el debate sobre esta cuestión sigue abierto. Si bien se han producido significativos hallazgos en el campo de la investigación científica, simplemente es demasiado pronto para afirmar que nos hallamos ante la causa directa de que los individuos presenten sobrepeso u obesidad. Sin embargo, las investigaciones han permitido llegar a la conclusión de que, en el futuro, será posible manipular estos genes para reducir la probabilidad de aumento de peso y obesidad. El aspecto más desconocido es el relativo a las implicaciones que puede tener la modificación de una compleja cadena de ADN que nos ha acompañado felizmente a lo largo de decenas de millones de años de evolución. No obstante, por si te lo estás preguntando, este tipo de ingeniería genética tiene aún un largo camino por delante, de modo que cierra la puerta del frigorífico y no dejes de leer todavía.

La idea de que nuestro peso, nuestra figura y nuestra constitución están determinados únicamente por la genética está muy extendida. Su fuera así y el código estuviera firmemente cerrado, sería como dar rienda suelta a las personas para hacer y comer lo que les gusta. Si está ya decidido que el cambio es imposible, eso es exactamente lo que el cambio será. Esta actitud se confunde a menudo con la aceptación, pero obviamente es algo muy diferente y limita de manera radical la posibilidad de cambio. Porque no es aceptación en el sentido objetivo de la palabra, donde el cambio es aún posible, sino que es una aceptación subjetiva autodestructiva, que podría quizá definirse mejor como «renuncia». No puedes cambiar la estructura básica de tu cuerpo, pero esto no quiere decir que no puedas encontrar tu propio peso ideal, junto con un sentido sano de aprecio y respeto por tu cuerpo.

Premio y castigo

Cuántas veces has comido algo poco saludable (y, sin embargo, delicioso) porque te has dicho a ti mismo que «te lo mereces» o simplemente para «obsequiarte a ti mismo». Quizá por algún logro importante en tu trabajo, o porque has tenido un día duro con los niños en casa o quizá porque has pasado unos días o unas semanas siguiendo la última dieta de moda (es una ironía). ¿Recuerdas la primera vez que lo hiciste? ¿O, más probablemente, la primera vez que «te lo hicieron»? ¿La primera vez que la comida fue utilizada como premio por haber hecho algo bien o como estímulo (léase: soborno) para que accedieras a portarte bien en una determinada situación? Como padre, poco se puede hacer para motivar a los niños a comportarse de una determinada manera, de modo que es comprensible que a menudo se utilice la comida para controlar su conducta. Puede ser una manera de dominar a un niño enfadado, de levantarle el ánimo cuando está triste o de proporcionarle algo que hacer cuando está aburrido. La utilización de la comida en este marco no constituye un método siniestro de manipulación del comportamiento, sino una manera sutil de cultivar actitudes sociales positivas. Y, como te dirá cualquiera que tenga un hijo, hay ocasiones en las que un caramelo en el bolsillo puede salvarte la vida.

Pero ¿qué ocurre cuando sucede lo contrario? ¿Alguna vez *no* te han permitido ciertos alimentos? ¿Alguna vez te han dicho que *no podías* comer algo que a ti te gustaba o te han preparado para comer algo que a ti no te gustaba como una forma de castigo? Quizá te obligaron alguna vez a permanecer sentado y a acabar tu comida porque te habías portado mal en la mesa (si lo sabré yo), o porque (lo último en remordimientos para un niño de cinco años) «hay niños que pasan hambre en el mundo». ¿Y ahora? ¿Utilizas alguna vez la comida como forma de castigo en tu vida? ¿No te permites a ti mismo ciertos alimentos cuando «te has portado mal» con tu dieta? ¿Te «obligas a ti mismo» a comer ciertos alimentos porque piensas que es lo que necesitas? Estos comportamientos tienen raíces muy profundas.

Y no hace falta consultar al psiquiatra para darse cuenta de que las implicaciones de vincular la comida de forma tan estrecha con el comportamiento tienen inevitablemente un impacto duradero en nuestra manera de comer y en lo que sentimos sobre nosotros mismos. Y más aún si pensamos que, muy a menudo, estas acciones de los padres se llevan a cabo precisamente cuando la personalidad del niño se está formando. Es la etapa de la vida en la que se aprenden los comportamientos condicionados, y con ellos se experimentan las respuestas comportamentales. La tentación es tratar de *romper* los hábitos que se formaron en esa etapa temprana, *resistirse* al impulso de actuar de esa misma manera o *convencernos* a nosotros mismos de que deberíamos comportarnos de manera distinta. «Romper», «resistir», «convencer». No suena mucho a receta de paz mental, ¿verdad? De haber un modelo para crear conflicto interno y preocupación obsesiva por la comida, debe ser precisamente este.

Piensa en ello: la mente que dice «debo» es la misma mente que dice «no debo». Solo hay una mente, no dos. De modo que ¿cómo puede esa situación terminar de forma pacífica? Aparte de la simple locura de discutir con uno mismo, una parte tendría que ganar y la otra que perder. Esto significa que una parte de ti debería ser rechazada, ignorada o suprimida, mientras que la otra parte se sentiría muy bien consigo misma. Sin embargo, lo que suele suceder es que ninguna de las dos partes gana y solamente se genera una intensa discusión interna sobre lo que está bien y lo que está mal.

Esta es la razón por la cual comer de forma consciente es una técnica única. No se basa en hablar con uno mismo, ni en el pensamiento positivo, ni en silenciar esa vocecilla que se niega a abandonarte. Te enseña, en cambio, a distanciarte del «Debo» y del «No debo» en la misma medida, permitiéndote ver con claridad la dinámica que tiene lugar en la mente. Y contemplando la mente de esta manera es como si fueras *testigo* de las sensaciones que experimentas, en lugar de un ser *rehén* de ellas. Es como si tuvieras la capacidad de responder desde una posición de hábil intención, en lugar de reaccionar desde una posición de confusión o frustración.

Los años de la adolescencia

Para la mayoría de la gente los años de la adolescencia marcan el inicio de uno de los períodos más influyentes (y dolorosos) en lo referente a la determinación de la talla, el peso, la figura y los hábitos alimentarios del individuo. Es también el momento en el que cobran forma muchas de las percepciones que tenemos de nosotros mismos. Y si es sano estar con los amigos, no es apropiado que, a esta edad, esos mismos amigos no sepan diferenciar lo que constituye una broma amistosa de lo que roza el maltrato verbal, emocional y físico. Y por si esto no fuera suficiente, cada vez que parece que vamos controlando nuestro aspecto, el cuerpo cambia de nuevo, forzándonos a replantearnos la relación que tenemos con nuestra talla y nuestra figura. Esta cuestión no afecta solamente a la mujer; tanto chicos como chicas dicen pasar por estas dificultades. La diferencia es que las chicas suelen ser las que más se saltan las comidas y racionan los alimentos en un intento por cambiar su aspecto.

Antes de los 11 años yo nunca me había parado a pensar en mi peso. En la escuela había algunos niños con sobrepeso y supongo que mis padres tenían también algún amigo grueso, pero realmente yo nunca había pensado en mi peso, ni en mi figura, ni en mi talla. Después, un día, en mi primer año de escuela secundaria, cuando corría hacia los campos de juego para un partido de fútbol, el padre de un amigo me gritó algo. Fue un comentario que no me abandonaría durante años y que tardé mucho tiempo en superar. Llegué a utilizar ese comentario para motivarme cuando sentía que estaba en buena forma y para pincharme a mí mismo cuando me encontraba gordo. Y eso que había sido un simple comentario, que seguramente aquel padre no se pensó mucho antes de pronunciar y en el que —estoy casi seguro— no volvió a pensar después de aquello. Aparte de todo, era una época en la que se suponía que los chicos éramos fuertes, resistentes al insulto.

Cuando pasé corriendo delante de él, me miró y rió, al tiempo que decía: «¡Caray, Pudds (mi mote en la escuela), has echado una señora barriga. Pareces un lechón!». Al mirar hacia abajo y ver mi estómago, no me ayudó nada pensar que tenía *razón*. La camiseta de fútbol, de nailon y ajustada, me quedaba apretada justo en la tripa. Había sido un pequeño comentario, una observación lanzada al viento, que aunque denotaba poca sensibilidad, no había sido pronunciada con verdadera malicia. Pero dolía. Realmente dolía. Y ello a pesar del hecho de que yo no estaba especialmente gordo. Este comentario condicionó mi relación con la comida de un modo que probablemente aquel padre no habría podido imaginar nunca. Si no hubiese sido porque en aquel momento estaba rodeado de mis compañeros, probablemente habría roto a llorar allí mismo. En aquel instante me sentí débil, inseguro y algo más que indigno. Sobre todo, me sentí gordo. Y no me gustó esa sensación, ni una pizca.

Todas las personas con las que he hablado mientras me informaba para escribir el libro tienen su propia historia que contar a propósito de sus años de adolescencia y estoy casi seguro de que tú también tienes la tuya. Pero no importa cuál sea, no importa lo difícil o lo dolorosa que pudiera ser, lo importante es reconocer que forma parte del pasado. Eso no cambia la experiencia, ni desacredita las sensaciones que puedas tener ahora en relación con la experiencia. Lo que sí hará, sin embargo, es permitirte pasar página. Porque llevas tanto tiempo arrastrando contigo el equipaje del pasado que la vida se hace muy pesada. No solo esto, sino que además el comentario que te hace revivir mentalmente la experiencia una y otra vez no hace más que reforzar las sensaciones y los hábitos a los que dio lugar en su día. La atención plena te enseña a olvidar esas historias y esas sensaciones, mientras que la técnica de comer de forma consciente te enseña de qué manera puedes reemplazarlas.

Emociones

Este apartado bien valdría por sí solo un capítulo. ¡Algunos pensaréis incluso que merecería todo un *libro*! El capítulo 5 analiza con más detalles las emociones, pero las mencionamos también aquí.

Creo que, en el mundo desarrollado, hay muy poca gente por encima del umbral de la pobreza que coma solo por hambre. De hecho, yo sugeriría que la mayor parte de las personas en esta situación demográfica concreta come desde una posición emocional. Más que esto, me atrevería a decir que muchas de estas personas eligen su comida y comen en *relación directa* con la idea que tienen de su talla y de su figura corporal. Si la única motivación de tal actitud fuera la preocupación por su bienestar y el deseo de mantenerse sanos y en forma, entonces por supuesto podría afirmarse que es una actitud muy positiva. Sin embargo, si la motivación responde a patrones emocionales muy fuertes, a sensación de inseguridad, a baja autoestima, a presión social y a conflictos internos, entonces la cuestión es totalmente distinta.

Detente un momento a considerar una vez más las motivaciones que te llevan a querer cambiar tu figura corporal. Procura no pensar en los factores motivadores como buenos o malos, correctos o equivocados. Es como si, por un momento, te distanciaras de ellos y los observaras con mayor claridad, desde un punto de vista más objetivo. ¿Cuántos de estos factores tienen que ver con la salud de tu corazón o con tu nivel de colesterol? ¿Y cuántos de ellos se basan en el deseo de evitar la diabetes o la hipertensión? Por el contrario, ¿cuántos de estos factores están directamente ligados a la visión que tienes de ti mismo, de tu figura, tu talla y tu peso corporal? ¿Cuántos tienen que ver con tu nivel de confianza, con el modo en el que te gustaría que te vieran tu amigos, tu familia y tus compañeros o con el tipo de ropa que te gustaría llevar? ¿Cuántos de estos factores surgieron impulsados por un sutil (o no tan sutil) desagrado hacia ti mismo? Para la mayoría de las personas, las razones superficiales o estéticas por las que siguen una dieta superan siempre cualquier riesgo potencial para la salud como factor motivador. La razón es muy sencilla: actúan guiadas por sensaciones emocionales muy arraigadas, desarrolladas y reforzadas con el paso de los años.

Supongamos que estás solo en casa y que te sientes algo deprimido. ¿Qué es lo primero que sueles hacer? La mayor parte de la gente busca una manera de distraerse. Se conecta a Internet, enciende la televisión, lee un libro o escucha un poco de música.

Sin embargo, es poco probable que estas cosas, por sí solas, logren distraerte lo suficiente. ¿Qué es lo siguiente que puedes hacer? Si es dirigirte al frigorífico o al congelador, sin ser plenamente consciente de ello, entonces no estás solo. ¿Y qué ocurre si andas de un lado a otro y empiezas a sentir un poco de ansiedad por algo? ¿Te encuentras de repente caminando hacia una tienda, con el piloto automático, decidido a hacerte con una tableta de chocolate para sacarte todas esas cosas de la mente? Por no hablar del ejemplo típico de la intensa sensación de soledad y vacío que se siente al final de una relación y que solo puede llenarse con un vaso grande de helado de vainilla con toffee y trozos de chocolate.

La verdad es que, a menudo, hacemos cosas sin ser conscientes de los pensamientos que nos conducen a ese comportamiento. En tales situaciones solemos actuar por costumbre, siguiendo caminos emocionales ya recorridos. Son tareas relativamente sencillas y directas que no requieren mucha concentración y, por consiguiente, nos resulta relativamente sencillo llevarlas a cabo en un estado de semiinconsciencia. Estoy casi seguro de que si alguien nos filmara actuando de esta manera y nos enseñara la grabación, nos quedaríamos absolutamente sorprendidos. Probablemente nos veríamos como robots que reaccionan de forma automática a señales del cerebro o a impulsos de la mente, una patata tras otra, una galleta tras otra, una cerveza tras otra o una chocolatina tras otra.

El problema es que, cada vez que seguimos una oleada de emociones o una cadena de pensamientos, estamos reforzando el patrón habitual. Si los seguimos sin ser conscientes, estamos reafirmando el relato en la mente, o la *respuesta* emocional a ese relato. Y esta es la razón por la cual es tan importante comer de forma consciente. Y también es la razón por la cual comer así es tan eficaz. Porque no se trata de la comida que te llevas a la boca. A estas alturas la percepción emocional habrá cobrado tanta fuerza que se puede tener la sensación de que es imposible sustraerse a ella. Del mismo modo no se trata de intentar convencerte a ti mismo de que te sientes de manera distinta de como realmente te sientes. Se trata, en cambio, de ser consciente de la formación de la emoción, de ver su origen y, con la práctica, incluso de ver ese primer pensamiento que fue el inicio de todo.

Sin esta actitud consciente siempre pasaremos por alto el pensamiento inicial, sin esta actitud consciente la emoción siempre se desarrollará y ganará fuerza y sin esta actitud consciente siempre reaccionaremos por costumbre. De modo que actuar de forma plenamente consciente te permite salir de una posición de reacción refleja, en la que eres zarandeado por las emociones, y dirigirte a una posición de respuesta serena y considerada, en la que te sientes seguro y firme en tu posición. No importa cuál sea la sensación emocional, que puede ser de deseo, capricho, aversión, culpa, depresión, ansiedad, ira, hastío o soledad: el principio es siempre el mismo y los procesos en juego tampoco son diferentes.

Falta de ejercicio

Vivimos en un mundo que nos impulsa a hacer menos ejercicio, que nos lleva a ser *más* sedentarios y que no deja de ofrecernos productos, artilugios y aparatos que nos permiten ser *menos* activos. Ciertamente ahí están las voces unánimes de la industria del ejercicio físico, de las autoridades oficiales, de la profesión médica y de otras instituciones sanitarias, incluso de revistas y libros muy conocidos. Pero estas voces son a menudo sofocadas por el ruido que nos instiga a *hacer menos y comer más*.

En mis últimos años de adolescencia viví mucho tiempo en Estados Unidos. Recuerdo aún la primera vez que fui a una gran área comercial. Veía a gente que salía de una tienda, se montaba en su coche, conducía 20 ó 30 metros dentro del aparcamiento y después caminaba hasta el siguiente centro comercial. Me costaba creer lo que estaba viendo. Todo el mundo iba en coche, sin importar que la distancia fuera corta y sin importar lo urgente que fuera la necesidad de hacer ejercicio físico. Al cabo de unas semanas de caminar con obstinación por el arcén y de varios desencuentros con el tráfico en sentido contrario, poco familiarizado con la visión de peatones en la carretera, acabé rindiéndome yo también al uso del automóvil.

Si la sociedad no nos anima a ser activos, a hacer ejercicio físico, nos encontraremos ante un obstáculo más para alcanzar una salud óptima. Y este patrón se repite en todos los grupos poblacionales de la sociedad. Muchos niños ya no juegan en libertad y de forma activa con sus amigos. Es difícil afirmar que esta tendencia se debe a la preocupación por la seguridad, a la creciente popularidad de los juegos de ordenador o a la urbanización de numerosas áreas rurales. Pero una cosa es segura: el aumento del uso de ordenadores y dispositivos electrónicos portátiles cambiará la fisiología de las generaciones venideras. El cuerpo humano, diseñado y programado para ser activo, ha aprendido ahora nuevas modalidades de conducta sedentaria, que tendrán inevitablemente consecuencias en la salud de los individuos. Tendrán impacto a corto plazo, como demuestran con claridad las estadísticas sobre obesidad infantil, pero también tendrán efecto a largo plazo, creando patrones habituales de comportamiento para la siguiente generación, que pueden durar toda la vida.

Pero ¿qué ocurre con *esta* generación? ¿Es ya demasiado tarde? ¿Sabemos lo que es necesario hacer, lo que «deberíamos» estar haciendo para tener una salud mejor? Pero ¿con qué frecuencia ocurre realmente? La época de mayor afluencia a los gimnasios para estar en forma suele ser en torno a enero, el momento de los buenos propósitos para el nuevo año, cuando la mayoría de la gente parece tener más entusiasmo por perder peso. Pero ¿cuánto tiempo suelen durar estos esfuerzos? Los índices de abandono en los gimnasios no son muy diferentes de los correspondientes a las dietas más populares. De hecho, en una ocasión oí decir bromeando al director de un gimnasio que no eran las personas que acudían de forma regular al centro las que generaban beneficios, sino más bien los miles de sujetos que se hacían socios del gimnasio y después no aparecían por ahí.

En muchos aspectos resulta dramático que hayamos tenido que crear esa forma forzada de ejercicio en un entorno artificial, como es un gimnasio. Pero la realidad de la vida diaria moderna sugiere que es una de las pocas maneras en las que podemos alcanzar el grado de ejercicio necesario para mantener una salud y un estado de forma física óptimos. Ni que decir tiene que, si tienes otra idea, si hay un deporte o una actividad al margen del gimnasio con la que disfrutas y que es capaz de implicarte de manera activa y con regularidad, tanto mejor, aunque sea simplemente salir a caminar a buen paso todos los días. Contrariamente a la opinión popular, ¡está muy bien *disfrutar* con el ejercicio físico! Por desgracia, en la actualidad para muchas personas la sensación de obligación es tan fuerte que el ejercicio ha perdido gran parte de su carácter lúdico. Además, muchas personas son reacias a que se les diga lo que deben hacer, carecen de la autoconfianza suficiente para entrar en ese ambiente o es posible que sigan teniendo pesadillas recurrentes sobre la asignatura de educación física de la escuela. Pero cuando uno se deshace de todos estos impedimentos, el ejercicio físico resulta ser uno de los mejores apoyos para alcanzar el peso, la talla y la figura ideales.

Adicciones

Adicción es una palabra que debe usarse con moderación, como ocurre con las etiquetas de cualquier otro tipo, especialmente en su acepción negativa, pues no hacen más que reforzar la creencia de que la conducta en cuestión forma parte de uno mismo (en lugar de considerarse un hábito y, por tanto, susceptible de cambio). Sin embargo, no hay duda de que algunas personas siguen un patrón de comportamiento adictivo en relación con ciertos alimentos, o se sienten tan sobrepasadas por el deseo de comer que no tienen fuerzas para resistirse a hacerlo.

Puede ser el deseo compulsivo de otro «chute» de azúcar (a menudo en forma de chocolatina o de refresco), la necesidad de sentir la avalancha de cafeína en tu torrente sanguíneo, la irresistible urgencia de añadir sal a tu plato o el deseo de consumir un alimento que asocias intensamente con una emoción concreta (lo que se conoce también como alimentación emocional). Sea cual sea la fuerza conductora que te lleva a agarrar la cuchara, abrir el paquete o levantar la taza, la sensación es de desesperación y el sentimiento es de inevitabilidad.

Existen diversos factores en juego en este proceso, y conviene distinguirlos. Uno de ellos guarda relación de forma muy específica con la dinámica tanto del cuerpo como de la mente, aspecto que se trata más en detalle en los capítulos 5 y 6, de modo que por ahora me gustaría centrarme solo en los factores externos implicados, en el gran negocio de la industria alimentaria. No hablo de las maravillosas iniciativas éticas que están teniendo lugar por todo el mundo y que nos animan a cambiar el modo en el que compramos, cocinamos, comemos y nos relacionamos con la comida. Y tampoco estoy sugiriendo que exista una especie de conspiración global entre las grandes empresas para potenciar las adicciones e impulsarnos a consumir más alimentos poco saludables.

La industria alimentaria existe para vender alimentos. Como cualquier otra empresa creada para generar beneficios, trabaja para vender más unidades de sus productos, para desarrollar alimentos que sean irresistibles, para impulsar a la gente a comprarlos, pues todo ello supone ingresos. Se trata de una ecuación muy sencilla. Sin embargo, a diferencia de la mayoría de las empresas, esta tiene la ventaja única de que se dedica a vendernos algo que *necesitamos* para vivir. De modo que no ha de sorprender a nadie que los productos que ofrece hayan sido desarrollados para tener un sabor y un aspecto tan atractivos y apetecibles como sea posible. Después de todo la industria alimentaria no quiere que compremos *uno* de esos productos, quiere que compremos *montones* de esos productos. Y si puede convencernos para comprar tantos productos que nosotros empecemos a notar cierto sobrepeso, entonces siempre tendrá la opción de vendernos otros en su variedad de alimento bajo en grasa, o bien algún producto para perder peso. ¿Cínico? Quizá. ¿Fáctico? Creo que es difícil rebatir cualquiera de estas afirmaciones.

Dicho esto, por favor, no te mortifiques a ti mismo por sentirte «adicto» a ciertos alimentos. De hecho, han sido *diseñados* para generar esa repuesta. Se trata de ingeniería de precisión: cantidades perfectamente equilibradas de grasa, azúcar, sal y aditivos, mezclados de tal manera que resultan irresistibles. Reconociendo y siendo consciente de este simple hecho, te liberarás inmediatamente de toda sensación de debilidad, incompetencia o fracaso. Después de todo, ¿cómo podrías no volver a comprar más? Hacerte volver a por más es exactamente el fin para el cual está diseñado el producto. Afortunadamente, la atención plena *(mindfulness)* nos permite romper este círculo vicioso.

Alcohol

Existe una subsección de la industria alimentaria cuyo objetivo es la población consumidora de alcohol. Se halla integrada básicamente por restaurantes de comida rápida y establecimientos de hamburguesas y kebabs situados junto a pubs y discotecas. A menudo son lugares en los que, de día, no entraríamos ni por todo el oro del mundo y, sin embargo, tras varias copas, se presentan de repente como una buena idea. El alcohol no solo debilita nuestro sentido de la voluntad, nuestros objetivos y razones, sino que hace que nos resulte más difícil ser conscientes de nuestro estado mental. De hecho, genera un estado mental abierto a la sugestión, más dispuesto a hacer caso omiso de la prudencia. En pocas palabras, el alcohol es responsable de un montón de malas decisiones. Esto no significa que no debas disfrutar de una o dos copas de vez en cuando, sino que si eres serio en lo concerniente a comer de manera consciente, entonces es obligado que moderes tu consumo de alcohol.

Quizá los días de salir a beber formen ya parte de tu pasado y es más probable que ahora lo que hagas sea tomarte un par de copas de vino mientras te relajas en el sofá por la noche. Pero piensa por un momento qué es lo que normalmente acompaña a esa bebida. ¿Un bol de patatas o de frutos secos? ¿Comida rápida? Los alimentos poco saludables y el alcohol parecen ir siempre de la mano. ¿Cuándo fue la última vez que te sentaste y disfrutaste de unos palitos de zanahoria y apio (sin salsa para «dipear») mientras bebías una copa de vino o una cerveza? A eso me refiero. Una vez más no estoy diciendo que sea malo, que no debamos hacerlo, pero tenemos que ser conscientes de que estas elecciones alimentarias inducidas por el alcohol influirán inevitablemente en la manera de sentirnos y de vernos a nosotros mismos.

En realidad, el alcohol puede arruinar cualquier intento de mejorar tu figura o de cambiar tu peso, debido a las denominadas calorías ocultas. Es difícil encontrar una fuente más concentrada de calorías que el alcohol. No solo esto, sino que además se trata de una fuente concentrada con muy poco valor nutricional. En apenas una noche es probable que esas calorías en exceso no supongan una gran diferencia en cuanto a talla y peso pero, consumido con regularidad, el alcohol no te ayudará a cambiar tu imagen corporal.

Si lo que buscamos es calma y claridad, si lo que deseamos es estabilidad emocional y si de alguna manera pensamos seriamente en desarrollar una relación sana con la comida y con nuestro cuerpo, entonces tontear de forma habitual con grandes cantidades de alcohol en ningún caso nos ayudará.

Presión social

No importa si se trata de un encuentro de negocios, de una salida de fin de semana con los amigos, de una celebración de cumpleaños con la familia, de una noche en casa con tu pareja viendo una película o de una cita romántica: el modo de comer en compañía de otros tiene un impacto importante sobre el peso, la figura y la talla. Elegimos cosas que no elegiríamos nunca si estuviéramos comiendo solos y comemos con apenas una fracción de la atención consciente que ponemos habitualmente. Comer es un acto increíblemente social. Ya nos encontremos en una oficina, en casa, en una cafetería, un restaurante o un parque, siempre hay algo más que comida a nuestro alrededor —incluso se si trata solo de una taza de té con pastas—. En muchos sentidos es algo muy reconfortante, algo que todos compartimos.

Sin embargo, si no se controla, puede fácilmente echar por tierra cualquier plan que hayas hecho para alcanzar tu peso ideal. En parte se debe a que podemos tener la sensación de que la otra persona (o personas) nos da de alguna manera *permiso* para comer los alimentos que normalmente no comemos. Existe una sensación de «Bueno, si *van a ir* a comer Mars fritos (sí, barritas de chocolate Mars rebozadas y fritas, una bomba culinaria de origen escocés) y helado, pues yo también voy». En otras ocasiones puede tratarse de cierto sentido de la obligación: comemos para hacer compañía a la otra persona o para que las cosas fluyan mejor en un encuentro o una cita. Sin embargo, lo que ocurre con mayor frecuencia es simplemente que se produce una pérdida de atención consciente, en la medida en que la emoción o la intensidad de la conversación se impone y, así, vamos comiendo frutos secos o patatas, puñado a puñado.

Compartir una comida es algo maravilloso y estupendo y no estoy en contra de ello. Tampoco estoy en contra de la sensación de relajación y libertad que uno tiene cuando se reúne a comer con otros. Lo que ocurre es que, a menudo, en estas situaciones perdemos nuestra forma de relacionarnos con la comida y realizamos elecciones de las que más tarde nos arrepentimos. Ser conscientes de esta actitud puede ayudarnos a afrontar esas ocasiones con una mayor sensación de calma, a ver con claridad qué alternativas reflejan mejor nuestros valores y deseos internos. Y, si aun así decidimos ir a por ese segundo postre, pues bien, al menos lo estaremos haciendo de forma consciente y siendo plenamente conocedores de las consecuencias.

Pereza

Puede que seas la persona más productiva, eficiente y centrada que conoces. Puede que además tengas un montón de energía y un entusiasmo desenfrenado por la vida. Pero incluso con todas estas cualidades, es posible que, de vez en cuando, te sorprendas a ti mismo pensando: «Sabes, no me apetece nada cocinar esta noche». Eso no te convierte en una mala persona, ni tan siquiera en un vago. De hecho, denota que eres una persona absolutamente normal. Dicho esto, los fugaces momentos de pereza o indiferencia en torno a este aspecto concreto de la vida representan uno de los elementos que contribuyen en mayor medida al aumento de peso y, como tal, es importante considerarlos en su justa medida.

Todos nos hemos encontrado alguna vez en esa situación: ha sido un largo día, has estado de pie muchas horas seguidas y lo único que quieres es sentarte y comer. No quieres tener que pensar en ir a comprar, en prepararte la comida ni en cocinarla. Cuando te encuentras así, el simple hecho de tener que abrir el microondas y pulsar unos botones puede parecerte un duro trabajo. Esto, en sí, no es un gran problema y, después de todo, es una sensación totalmente natural. Lo que puede causar dificultades es la manera de *relacionarnos* con esta sensación. Porque si reaccionamos con una actitud automática del tipo «No importa, no te preocupes, cualquier cosa», entonces nuestras elecciones en materia de comida reflejarán este sentimiento. Pero si tiene que ver con tu cuerpo, seguro que *sí* te importa, *sí* te preocupa y no te conformarás con *cualquier cosa*.

Es aquí donde de nuevo entra en juego el *mindfulness*. Si eres capaz de reconocer la sensación de pereza o indiferencia, en lugar de identificarte intensamente con la sensación de que te has *vuelto* vago o indiferente, entonces tendrás la oportunidad de responder con una sensación de calma. Esto puede significar que, de todos modos, sigas optando por una comida rápida y fácil de microondas, y eso está bien. La diferencia está en que, en lugar de devorar una pizza o una hamburguesa, la probabilidad de que realices una elección saludable que refleje directamente tu motivación subyacente y tus objetivos será mucho mayor que si te limitaras a seguir los patrones habituales.

Sueño

Es posible que te preguntes de qué manera influye el sueño en el peso de una persona y en sus hábitos alimentarios. Puede resultar tentador suponer que estoy hablando de dormir *demasiado* y, en consecuencia, de no hacer suficiente ejercicio y de tener un metabolismo bajo. Pero en realidad sucede lo contrario. Varios investigadores han descubierto recientemente que cuando las personas duermen *menos*, durante períodos más cortos, no el tiempo suficiente para que su organismo se recupere totalmente, la acumulación de grasa corporal parece aumentar —hasta un 32%.

Estos científicos han observado asimismo que una noche completa de sueño reparador puede contrarrestar los efectos de cualquier «gen de la obesidad». Si bien no se sabe aún con exactitud por qué sucede esto ni cómo sucede, sí se sabe en cambio que, cuando tenemos un déficit de sueño, metabolizamos más músculo y menos grasa. De acuerdo con un estudio en particular, en menos de dos semanas de sueño nocturno alterado, los participantes en el estudio aumentaron de peso una media de 1,3 kilos.

Sin embargo, existe un efecto secundario del sueño que también es importante. En efecto, las investigaciones han demostrado que, cuando las personas sufren somnolencia durante el día, aumenta la probabilidad de que sientan la necesidad imperiosa de consumir alimentos con alto contenido en azúcar. La consecuencia es que quedan atrapadas en un círculo de comidas, en el que alternan contenidos altos y bajos en azúcar. En última instancia ello conduce a una dieta menos sana, a un mayor consumo de alimentos cargados de calorías y a un aumento del peso y de la talla corporal. Crea además un patrón comportamental muy reactivo en relación con la comida y los hábitos alimentarios, lo cual dificulta mucho la respuesta desde una posición de calma y claridad. Esto, a su vez, entorpece las elecciones positivas encaminadas a conseguir la imagen corporal que te gustaría tener y a sentirte como te gustaría. Pues bien, esta es la grandeza de la Dieta *Mindfulness* con el método Headspace: no solo te ayudará a estar en forma, sino que también te permitirá dormir mejor.

Estrés

¿Cuándo es más alta la probabilidad de que realices elecciones alimentarias de las que más tarde te arrepentirás? ¿Cuándo tiendes a caer en patrones negativos de alimentación que desearías cambiar? ¿Cuándo es más probable que desistas del ejercicio físico porque sientes que no te gusta o que no tienes tiempo? Si eres como la mayoría de la gente, no será cuando te sientas bien contigo mismo y a gusto con la manera de enfrentarte a la vida. Será cuando te sientas estresado, sobrecargado de trabajo y bajo presión. Será en momentos de muy poca *calma*, cuando los pensamientos provocan una sensación de agitación o inquietud en la superficie de la mente. Del mismo modo será en momentos de muy poca *claridad* en tu mente, que se encontrará en un característico estado «reactivo», en contraposición al estado considerado «sensible». De modo que no debería sorprendernos que el peso sea no solo una *causa* de gran estrés, sino también un *síntoma* de este.

La mayoría conocemos nuestra respuesta al estrés y, si has observado con regularidad que te pones un poco nervioso y tenso, entonces no estás solo. Un extenso informe realizado por la Mental Health Foundation del Reino Unido en 2010 encontró que más del 80% de las personas sentían que la velocidad a la que pasa la vida y la abrumadora cantidad de responsabilidades eran las causas principales de estrés, infelicidad y enfermedad. Más de la mitad de las personas que participaron en el estudio afirmaron que simplemente no sabían cómo desconectar y relajarse. Una vez más es aquí donde el auténtico valor del *mindfulness* entra en juego; pero hablaremos de ello más adelante. Mientras tanto, ¿cuáles son las implicaciones del estrés en la dieta, de qué manera influye en nuestras elecciones en materia de comida y qué efecto tiene sobre el organismo para que nos cueste tanto perder peso?

A corto plazo el estrés provoca el desbaratamiento del delicado equilibrio de hormonas y sustancias químicas de nuestro organismo. Una de las reacciones químicas más importantes que tiene lugar en un momento de estrés es la liberación de cortisol, conocido también como la «hormona del estrés». Si bien necesitamos cortisol para vivir, cuando su producción es excesiva o se mantiene durante un periodo prolongado de tiempo, empieza a tener un efecto realmente perjudicial sobre el organismo. Interfiere en la digestión de los alimentos, llegando en ocasiones a detenerla por completo. También puede conducir a deseos compulsivos de comer y es un factor a tener muy en cuenta en las personas que ganan peso, según se ha observado en múltiples estudios científicos. De hecho, crea las peores condiciones para la pérdida o el mantenimiento del peso corporal. En efecto, acelera y favorece la acumulación de grasa en la línea de la cintura y, al mismo tiempo, desempeña un papel instrumental en la descomposición de nuestra apreciada masa magra muscular. Y esto es exactamente lo contrario de lo que, sin duda, estarás tratando de conseguir.

En relación con los efectos del estrés a largo plazo, es probable que ya sepas que aumenta la presión arterial, eleva los niveles de colesterol e incrementa la incidencia de ictus y cardiopatía coronaria. Se ha puesto de manifiesto asimismo que afecta de manera negativa al sistema inmunitario, dejándonos más vulnerables a la infección. Recientemente se ha llegado a la conclusión de que el estrés reduce la probabilidad de concepción en las parejas. Suele ser en este punto cuando alguien siempre se pregunta, «¿Pero es el estrés bueno para algo?». Solo tú sabes lo que sientes cuando estás estresado y si consideras que eso es sano o agradable. ¿Está bien sentirse desafiado, motivado, concentrado, con un sentido de propósito en la vida? Por supuesto que sí y si eso es lo que tú entiendes por estrés, entonces, en cantidades adecuadas, es algo bueno. Pero si estamos hablando de sensación de agobio, infelicidad, tensión, cansancio o agotamiento, entonces no creo que encuentres a mucha gente que considere que el estrés es algo positivo.

En claro contraste con las reacciones químicas de la «respuesta de estrés», ha quedado patente que la técnica y la práctica de *mindfulness* desencadena algo llamado «respuesta de relajación». Esto tiende a causar una serie de reacciones físicas que, en general, asociamos a una mayor sensación de comodidad y bienestar. Por ejemplo, la presión arterial elevada tiende a disminuir, la respiración comienza a reducir su ritmo, la tensión muscular se relaja y el cuerpo entra en un ciclo positivo de bienestar. Esto significa que la mente reconoce que el cuerpo se está relajando y en consecuencia se relaja también, lo cual a su vez refuerza y favorece la relajación del cuerpo. Y el ciclo continúa así en un bucle muy positivo, en el que cuerpo y mente bajan de revoluciones y se relajan. En tal estado el cuerpo es capaz de mantener la masa muscular magra, al mismo tiempo que pierde más fácilmente grasa corporal.

CAPÍTULO 4

Test de alimentación Headspace: ¿y tú cómo comes?

E L capítulo anterior abordaba la identificación de muchos de los factores que han influido en tu actual forma de comer, pero el que ahora nos ocupa trata sobre la identificación de la sensación que te ha dejado esa combinación única de factores y de las tendencias que ha marcado.

Así pues, ¿qué tipo de persona eres comiendo? ¿Qué actitud tienes en lo referente a tu cuerpo? ¿Y qué actitud tienes en lo referente a hacer dieta? Cada uno somos una mezcla única de los factores mencionados en el capítulo anterior, con una probabilidad más alta de tomarnos una porción de pizza que unas verduras, o un poco de helado en lugar de una manzana. Del mismo modo, mientras que unos son capaces de atiborrarse felizmente durante días, otros se abstendrán hasta el extremo de sufrir mareos y pinchazos de hambre en el estómago. Y si algunos *viven* para comer, saboreando cada bocado y pensando siempre en lo que probarán después, otros hacen todo cuanto pueden para evitar la comida, buscando excusas para no comer. Algunas personas incluso recurren a la nicotina y a la cafeína, en un intento por contenerse de comer, mientras que otras se pasan la vida corriendo y levantando pesas con el objetivo de poder después comer más, al haber quemado muchas calorías. Existe para cada persona un abordaje distinto de la comida. De modo que pregúntate qué tipo de «comedor» eres tú.

No se trata de encontrar una etiqueta que puedas llevar con orgullo, que te identifique como una determinada clase de *persona*. Tiene más que ver con reconocer y ser consciente de ciertas *tendencias* que es posible que ya tengas, y que te ayudarán a realizar los cambios que deseas realizar. Lee las siguientes descripciones y empieza a considerar qué tipos coinciden en mayor medida contigo y con tus actuales hábitos en lo que a comer se refiere. Puede que te parezca que no encajas claramente en ninguna de las categorías aquí propuestas. De hecho, podrías darte cuenta de que existen ciertos aspectos de *muchas* de estas categorías que coinciden con tu personalidad, con tus hábitos de alimentación y con tu actitud frente a las dietas. No pasa absolutamente nada; este capítulo no está diseñado para encasillarte en una categoría, sino más bien para que pienses en *cómo* comes, en *qué* es lo que comes y en *por qué* lo comes. Pretende asimismo que reconozcas tu actitud frente a las dietas y las correspondientes ventajas e inconvenientes de ese tipo de planteamiento. Puede que quieras echar un vistazo a estas páginas de vez en cuando una vez que comiences y sigas adelante con el plan de 10 días.

Nota sobre la puntuación

Los distintos tipos de «comedores» que te presentamos en este capítulo han recibido una puntuación Headspace por *mindfulness* y una puntuación Headspace por salud. Estas puntuaciones reflejan el grado probable de atención plena de ese determinado tipo de personalidad y el potencial impacto sobre la salud que tiene vivir de ese modo concreto. Las puntuaciones se determinan sobre una escala de 1 a 10, siendo 1 la peor puntuación posible y 10 la mejor.

El picoteador

Características

El «picoteador» siempre está comiendo *algo*. Evita las comidas copiosas, por miedo a consumir demasiado y engordar, y en lugar de ello opta por picar algo de comer durante todo el día. Los «picoteadores» suelen ser esos que llevan siempre frutos secos o palitos de zanahoria, pero al mismo tiempo son también los que consumen los tentempiés menos saludables.

Típico diálogo interior

«¿Y dónde he puesto esas galletitas integrales? Quizá debería tomar en su lugar un poco de chocolate, para levantarme un poco el ánimo... Tomaré solo un poco para seguir adelante, para subir mis niveles de azúcar. Me vendría bien un poco más de energía, pero no quiero sentirme hinchado otra vez, quizá unas cuantas semillas de calabaza me vayan mejor...»

Ventajas

La constante estimulación del metabolismo puede incrementar tu índice de metabolismo basal —al menos en teoría—. Es una ventaja si eres una persona con una agenda apretada y sin tiempo para pararte a comer sentada a la mesa. En el pasado se discutió mucho sobre si era una manera más saludable y natural de comer, pero hasta la fecha no existen evidencias científicas que sugieran que es así.

Inconvenientes

Al consumir más calorías que si siguiera un plan de alimentación tradicional, el «picoteador» corre el riesgo de sobreestimular el deseo de comer. Al estar siempre comiendo o pensando en comer, refuerza las vías nerviosas y favorece este comportamiento. Debido a una sobredependencia de los tentempiés, los «picoteadores» necesitan a veces recurrir a opciones alimentarias poco saludables.

Actitud frente a las dietas

El «picoteador» rechaza con frecuencia las dietas más formales y estructuradas, dando por sentado que su propia técnica de picoteo es mejor. Sin embargo, dado que esta modalidad de alimentación pocas veces funciona como se pretende, suele conducir a sensación de fracaso o decepción en lo referente a pérdida de peso. Para la mayor parte de los picoteadores esta manera de comer no es otra cosa que una forma de vida.

Consciencia en el día a día

Los picoteadores suelen ser muy conscientes de su figura corporal, su talla y su peso, pero no viven en sintonía con las sensación de hambre y satisfacción. En general, no se les da muy bien escuchar a su cuerpo y pican algo sin ser plenamente conscientes de si tienen hambre o no. A menudo, su mente se encuentra en un estado de deseo y agitación, buscando o pensando en lo siguiente para comer.

Puntuación Headspace por *mindfulness*: 3

Puntuación Headspace por salud: 3

El tragón

Características

El «tragón», como el «picoteador», siempre está comiendo, pero no pequeñas cantidades. Aunque a menudo se desespera por perder peso, tiende a comer de un modo autodestructivo, consumiendo grandes cantidades de alimentos muy elaborados y con muchas calorías —a menudo alguna variedad de comida rápida—. Es característico que el «tragón» sea consciente de su situación, pero está demasiado agobiado para cambiar su conducta.

Típico diálogo interior

«Vaya, me apetece un montón una *cheeseburger* con extra de cebolla y pepinillos... quizá con unas patatas fritas... un poco de beicon frito

—estoy empezando a salivar solo de pensarlo—. Desearía que no engordara tanto… Luego siempre puedo ir a la reunión de Weight Watchers y confesar. ¡Ah, y puede que también pida un batido con la hamburguesa!»

Ventajas

Evidentemente, el comer de esta manera no tiene ninguna ventaja en absoluto.

Inconvenientes

El consumo en grandes cantidades de alimentos muy elaborados y con muchas calorías entraña inevitablemente riesgos para la salud, que van de la obesidad a la hipertensión y las enfermedades cardiovasculares. Es probable que este tipo de alimentación sea el resultado de patrones habituales de pensamiento y de fuertes desencadenantes emocionales.

Contribuye de manera característica a perpetuar sentimientos de autorrechazo y baja autoestima.

Actitud frente a las dietas

El «tragón» no es inmune a las dietas y, de vez en cuando, decide seguir algún tipo de plan restrictivo de adelgazamiento. Suele durar *muy* poco tiempo y tener un impacto reducido o poco útil sobre sus hábitos alimentarios a largo plazo. Casi inevitablemente con sobrepeso, el «tragón», en general, quiere comer menos, pero la aplastante fuerza emocional que le impulsa a comer hace que le parezca imposible.

Consciencia en el día a día

Unos lo llaman negación y otros complacencia. Sea lo que sea, el «tragón» no vive la vida en el presente. Con fuertes tendencias adictivas/compulsivas, tiende a dejarse arrastrar por las sensaciones de deseo, lo cual le lleva a una conducta autodestructiva, que puede ser causa de gran infelicidad, confusión y desasosiego mental.

Puntuación Headspace por *mindfulness*: 2

Puntuación Headspace por salud: 1

El adicto a las dietas

Características

El «adicto a las dietas», que no debe confundirse con el «calculador de calorías», es fácil de reconocer, porque suele llevar bajo el brazo el último libro sobre cómo perder peso o sobre la dieta sensación del momento. Como su propio nombre indica, es un adicto a los programas de adelgazamiento, convencido de que el siguiente plan será el *definitivo*. Al «adicto a las dietas» no le preocupa el contenido nutricional de los alimentos que consume (ni la ausencia del mismo) y los contempla únicamente como instrumentos para perder peso.

Típico diálogo interior

«En cuanto termine este multipack gigante, voy a pasar *directamente* a esa nueva dieta. Si la están siguiendo en Hollywood, entonces es lo suficientemente buena para mí. ¡A la alfombra roja, baby! No puedo creer que menganita haya bajado cuatro tallas con esa dieta. Eso no es sano. Por Dios, me voy a quedar tan delgada. Quizá fulanito se dé cuenta por fin de lo que se está perdiendo…»

Ventajas

Sencillamente, el seguir un régimen de adelgazamiento tras otro no tiene ninguna ventaja, aparte del simple valor de la novedad.

Inconvenientes

Es probable que el «adicto a las dietas» sufra los efectos de una alimentación escasa, sin la variedad ni la cantidad de nutrientes necesarios. Como resultado de ello, el organismo se encuentra a menudo en «modo de defensa», aferrándose al último gramo de grasa. Desde el punto de vista emocional, los sentimientos de insatisfacción, desilusión, ansiedad y culpa son la norma en el «adicto a las dietas» y, con el paso del tiempo, la sensación de haber fracasado en repetidas ocasiones puede erosionar la autoestima.

Actitud frente a las dietas

Siempre dispuesto a seguir planes de adelgazamiento durante períodos cortos de tiempo, el «adicto a las dietas» comerá cualquier cosa, o nada, ante la perspectiva de perder peso. Se aburrirá pronto y se sentirá insatisfecho, de modo que es probable que salte de una dieta a otra. Es característico que tengan una mentalidad de dieta yo-yo, de manera que resulta prácticamente imposible mantener cualquier posible pérdida de peso.

Consciencia en el día a día

Olvídate del aquí y ahora: el «adicto a las dietas» vive solo para el futuro. Siempre está buscando la siguiente cura milagrosa para perder peso y corriendo tras el sueño ilusorio de la perfección. A menudo su felicidad se halla directamente ligada a su peso, su talla y su figura. La ausencia de consciencia puede ser tanto una fuente como una causa de considerable infelicidad para los individuos con este tipo de personalidad.

Puntuación Heaspace por *mindfulness*: 2

Puntuación Heaspace por salud: 2

El eco-friki

Características

Actualmente en ascenso, el «eco-friki» es un modelo de compra consciente, valores éticos y consumismo sostenible. Con frecuencia es vegetariano (aunque no necesariamente), o incluso vegano, y siempre podrás encontrarle cerca de los principales supermercados de la ciudad. Es muy poco probable que tenga sobrepeso y suele seguir una alimentación equilibrada y rica en nutrientes.

Típico diálogo interior

«Mejor preparo las cosas para el yoga —estoy a punto de lograr la postura del perro—. ¡Maldita sea! Deja de pensar en el yoga de esa manera —aprende simplemente a "ser"—. Esto me recuerda que debo comprar un poco de miel de manuka, suponiendo que esté envasada con antioxidantes, y apuesto a que está estupenda encima de esas galletitas orgánicas integrales Fairtrade sin lactosa y sin gluten. ¡No puedo esperar!»

Ventajas

Una dieta rica en alimentos naturales y variada tiene muchas ventajas, tanto para el cuerpo como para la mente. El «eco-friki» no tiene problemas para mantener un peso saludable y se beneficia de unos niveles estables de azúcar en sangre. Y otra cosa que también es importante: este enfoque fomenta una perspectiva más amplia, que tiene en cuenta el impacto de nuestra alimentación sobre el planeta.

Inconvenientes

Con este tipo de alimentación, de vez en cuando pueden presentarse deficiencias nutricionales y no es infrecuente que se necesiten más proteínas, así como niveles más altos de minerales como el hierro. Por desgracia, el planteamiento del «eco-friki» favorece en ocasiones una actitud ligeramente agresiva y crítica en relación con otros tipos de personalidad en materia de alimentación.

Actitud frente a las dietas

Es muy poco probable que el «eco-friki» siga cualquier tipo de dieta, aunque puede sentirse atraído por la idea de ayunar. Tan ansioso por estar en forma como el tipo de personalidad que describo a continuación (aunque no lo reconozca), el «eco-friki» suele realizar ejercicio de manera regular y escoger alimentos que no solo son beneficiosos para el planeta, sino también para su cintura.

Consciencia en el día a día

Al tener una buena consciencia del mundo exterior, así como del interior, las puntuaciones del «eco-friki» en este aspecto son muy altas. Es probable que elijan los alimentos desde una buena posición de pensamiento y que sean sensibles a su grado de hambre y saciedad. Cualquier parloteo mental sobre la comida y el cuerpo tendrá que ver con algo más que la mera pérdida de peso.

Puntuación Headspace por *mindfulness:* 7

Puntuación Headspace por salud: 8

El fanático del gimnasio

Características

El «fanático del gimnasio» hace ejercicio con regularidad y de forma moderada, pero su relación con la comida está dictada por su programa de entrenamiento y su imagen corporal. Las elecciones en materia de alimentación suelen ser bien meditadas, considerando siempre la figura corporal.

Típico diálogo interior

«¡Vaya, estas galletas de chocolate son increíbles! De acuerdo, tienen aspecto de equivaler cada una de ellas a unas 30 calorías —¡vaya!, más de lo que pensaba—, lo cual equivale a 10 minutos más por galleta en la cinta de correr, así que si salgo de aquí a las 5,30 h puedo arañar 30 minutos más para el gimnasio. Esto supone tres galletas... pero merece totalmente la pena.»

Ventajas

El «fanático del gimnasio» come una amplia variedad de alimentos no elaborados y generalmente también gran cantidad de frutas y verduras, de modo que su dieta es equilibrada e incorpora los principales grupos de alimentos. Además, su estilo de vida suele regirse por valores positivos y su salud emocional es relativamente buena.

Inconvenientes

El «fanático del gimnasio» suele valorar un alimento calculando el número de minutos que va a tener que pasar en el gimnasio para quemarlo. Esta mentalidad, que le lleva a buscar continuamente justificación, deja poco lugar al disfrute. Debido a la intensidad del deseo de alcanzar una determinada figura, es característico que este tipo de personalidad caiga en un círculo vicioso de ilusión y miedo —ilusión por conseguirlo, miedo a no lograrlo.

Actitud frente a las dietas

El «fanático del gimnasio» rara vez presenta sobrepeso y es poco probable que adopte sin pensar una dieta relámpago. Dicho esto, la mayoría de las mujeres fanáticas del gimnasio no son reacias a incorporar algunos de los elementos de una dieta si piensan que pueden surtir efecto, mientras que los hombres fanáticos del gimnasio tienden a ser menos flexibles. Es probable que, en ambos sexos, cualquier dieta esté motivada por cuestiones estéticas.

Consciencia en el día a día

Aunque su motivación para comer puede ser cuestionable, su consciencia en relación con los alimentos, los patrones alimentarios y la imagen corporal es indudablemente alta. Sin embargo, debido a la mentalidad «comida = combustible», a menudo adolecen de falta de consciencia en el proceso mismo de comer y, por consiguiente, pueden no acostumbrarse a comer de forma plenamente consciente.

Puntuación Headspace por *mindfulness:* 6

Puntuación Headspace por salud: 8

El comilón compulsivo

Características

Sorprendentemente, el «comilón compulsivo» suele comer de forma muy *saludable* (cuando no se está dando un atracón, por supuesto). De hecho, estos sujetos siguen en general una dieta muy estricta, que requiere una gran fuerza de voluntad, interrumpida, eso sí, por episodios de comportamiento opuesto. Es una vida de extremos, que oscila entre el control excesivo y la sensación de impotencia.

Típico diálogo interior

«¡Vaya, esta nueva dieta ha sido increíble! ¡Estoy tan delgado! Creo que quizá me merezca un chocolate, solo por haberlo hecho tan bien.

Mmmmm, se me había olvidado lo bien que sabe... Hola, mi viejo amigo... Quizá uno más, y otro... y el último... Podría perfectamente terminar la caja... Necesito más chocolate. A lo mejor puedo raspar el chocolate de estas galletas...»

Ventajas

El «comilón compulsivo» suele controlar bastante bien sus comidas y consume alimentos con un alto contenido nutricional y de los principales grupos alimentarios. De hecho, este comportamiento puede representar el 90 por ciento de sus hábitos alimentarios. Realiza comidas regulares y equilibradas en términos de diversidad, y suele evitar los alimentos más elaborados y procesados.

Inconvenientes

Desgraciadamente, incluso la más sana de las dietas puede echarse a perder por unos momentos de locura aquí y allá. Esta es una forma de comer que soporta un gran peso emocional, pues incluye a menudo intensos sentimientos de culpa y remordimiento, junto con un excesivo parloteo mental. Es muy probable que los atracones a base de azúcar tengan un efecto adictivo sobre el organismo.

Actitud frente a las dietas

Al «comilón compulsivo» le encanta hacer dieta. En un mundo donde a menudo se siente fuera de control, un plan estricto de comidas establecidas le proporciona la sensación de orden y estructura que busca desesperadamente en su interior. Sin embargo, en su caso, es característico que las dietas terminen en comilonas, lo cual refuerza la sensación de fracaso que en última instancia perpetúa y alienta esa misma mentalidad de atracón.

Consciencia en el día a día

El «comilón compulsivo» es con frecuencia muy consciente de sus patrones de alimentación destructivos y, en general, presta atención a su manera de enfocar las comidas. En las etapas en las que no esté dándose atracones disfrutará de su sana actitud. Sin embargo, esta perspectiva carece de estabilidad y puede venirse abajo en cualquier momento. De aquí la importancia de mantenerse plenamente consciente a lo largo de todo el día.

Puntuación Headspace por *mindfulness:* 5

Puntuación Headspace por salud: 4

El socialité

Características

Los «socialités» dan la impresión de no comer. Puede que piquen algún canapé entre una copa de vino y otra en alguna fiesta, pero, en general, consideran la comida como obra del diablo. Excesivamente preocupados quizá por su aspecto (el de ellos y el de los demás), el plan de alimentación de un «socialité» se basa en la pérdida de peso por razones estéticas. A menudo los cigarrillos sustituyen la comida.

Típico diálogo interior

«Realmente no me apetece nada cocinar esta noche. Me pregunto si Fulanito vendrá al pub, quizá podamos escaparnos un rato y tomarnos un helado de yogur o algo así más tarde, o quizá me tome otro vodka... Vaya, mi hígado debe de estar hecho polvo: el trasero enorme, en cambio, y tengo que arreglármelas para poder meterme en ese vestido el viernes. Eso me recuerda que... ¿dónde tengo el número de mi entrenador?»

Ventajas

Esta es una modalidad de alimentación que requiere muy poca organización, preparación y cocina —o ni siquiera comer, de hecho—. Al hombre de negocios tan ocupado, al responsable de redes sociales sometido siempre a presión o al adicto a los eventos sociales, a primera vista puede parecerles una opción atractiva.

Inconvenientes

Es probable que la dieta del «socialité» sea deficiente prácticamente en todo menos en alcohol y nicotina. Es típico que estas personas se salten el desayuno y la comida y, a menudo, solo comen entre horas alimentos poco saludables. Como resultado de ello, puede que presenten niveles inestables de azúcar en sangre, lo cual da lugar a cambios de humor y ocasionalmente a insomnio. También son frecuentes los niveles altos de ansiedad.

Actitud frente a las dietas

La persona «socialité» es más propensa a tener un peso por debajo del recomendado que a sufrir sobrepeso. Sin embargo, una cintura estrecha no debe confundirse con baja grasa corporal y, en proporción, estas personas se hallan sujetas a la misma probabilidad de sufrir exceso de grasa corporal. Las dietas les aburren enseguida y les producen fácilmente insatisfacción, pues suponen demasiados retos; sin embargo, querrán ser las primeros en probar cualquier novedad.

Consciencia en el día a día

El «socialité» es plenamente consciente de su talla y de su figura pero, aunque parezca una ironía, vive tan atrapado pensando precisamente en estos aspectos que no es consciente de los comportamientos que realmente le están afectando. Procedente a menudo de una posición de baja autoestima, inseguridad o competitividad, el «socialité» suele tener, por naturaleza, mucha fuerza de voluntad y alta capacidad de control.

Puntuación Headspace por *mindfulness:* 4

Puntuación Headspace por salud: 2

El zombi

Características

Como indica su nombre, la personalidad «zombi» no es muy consciente de los alimentos que consume. Es como si cuerpo y mente funcionaran con piloto automático: todo se hace por hábito y rutina. El «zombi» suele tener una alimentación muy monótona, carente de muchos de los nutrientes principales; su forma de comer carece de todo placer auténtico y disfrute. En pocas palabras, come por comer.

Típico diálogo interior

«Vaya, un día largo el de hoy, me pregunto qué pondrán en la tele esta noche… Es mona, esa chica… Hace una tarde realmente buena. Podría haber menos cola… Oye, ¿dónde se ha ido la chica? Todos los días el mismo viejo autobús… Gracias, dios mío, por estas nuevas apps, espera un minuto, ¡no me he acordado de comprar palitos de queso rebozados, patatas fritas, mayonesa y helado! Oh, bueno…»

Ventajas

Para esta manera de comer hace muy poca falta pensar, planificar y organizar. Además, pocas veces se requiere preparación o cocción de algún tipo (siendo el uso del microondas la única excepción). Esto significa que el «zombi» dispone de mucho tiempo en lo referente a sus comidas, aunque no cuente con los nutrientes necesarios para vivir de manera saludable.

Inconvenientes

Para cualquiera que desee perder peso, este enfoque de la alimentación es una receta para el desastre. A menudo, el «zombi» no es consciente de sus pensamientos y sensaciones en relación con la comida y pocas veces presta atención cuando compra o consume los alimentos, lo cual dificulta cualquier cambio verdadero. Además, los zombis tienden a comer alimentos muy elaborados, procesados, con apenas valor nutricional.

Actitud frente a las dietas

El «zombi» no tiene interés por la nutrición, aunque es consciente de su figura corporal. Es poco probable que se implique en dietas, sean del tipo que sean, y a menudo presenta sobrepeso. Es frecuente que experimente baja autoestima e infelicidad y también que albergue, en momentos de fugaz consciencia, una ansiedad subyacente relacionada con su aspecto.

Consciencia en el día a día

Ya sea porque ignora la realidad del aumento de peso, porque se halla tan absolutamente inmerso en otra cosa que la comida y la dieta dejan de tener importancia o porque sigue un patrón emocional de indiferencia, el «zombi» pocas veces vive el aquí y ahora. Ello le lleva a malas elecciones alimentarias, a malos hábitos de alimentación y, a menudo, a una mala salud.

Puntuación Headspace por *mindfulness*: 1

Puntuación Headspace por salud: 1

El calculador de calorías

Características

El «calculador de calorías» es obsesivo por naturaleza y es capaz de explicar cuáles son los ingredientes de un alimento, hasta el último nanogramo. De hecho examina con lupa la etiqueta de todos los envases de comida, en busca no solo de su contenido calórico, sino también de su contenido nutricional. Su hábitat natural es el pasillo de productos bajos en grasa del supermercado, o la tienda más cercana de alimentos naturales y dietéticos.

Típico diálogo interior

«No tendría que haberme comido ayer por la noche esa ración de pudin extrabajo en grasa. Supongo que hoy debería tomarme con un poco de calma el almuerzo y comer solo un palito de apio con mi queso blanco. Este tendrá unas 150 calorías, más las 45 del apio, más el pudin de anoche, pero a todo esto hay que restarle las patatas asadas que conseguí evitar en casa de mamá el otro día...»

Ventajas

En muchos sentidos la dieta de un «calculador de calorías» es extremadamente sana, con comidas equilibradas, a intervalos regulares y consistentes en alimentos de alto valor nutricional. Por necesidad, el «calculador de calorías» tiende a planificar su comida con mucha antelación y es, por tanto, muy organizado en la preparación de los alimentos. Esta forma de comer suele garantizar el mantenimiento de unos niveles estables de azúcar en sangre, de modo que los individuos de este tipo pocas veces sienten hambre.

Inconvenientes

Si por un lado su dieta posee todos esos elementos positivos, su fanático abordaje de la alimentación sugiere una relación con la comida que de algún modo es desequilibrada. El «calculador de calorías» destina una cantidad desproporcionada de tiempo y espacio mental a la comida y a su peso corporal y es especialmente propenso a la ansiedad. Un enfoque tan rígido e inflexible suele provocar un alto grado de conflicto interno.

Actitud frente a las dietas

La vida del «calculador de calorías» es una larga dieta, de modo que suele ser inmune a las dietas temporales. Sumamente apegado a su forma de comer, su actitud halla reflejo también en otros aspectos de su estilo de vida. Por ejemplo, es poco probable que fume y menos aún que beba, y suele hacer ejercicio con regularidad. Estas pautas son consideradas ayudas esenciales para alcanzar su principal objetivo en la vida.

Consciencia en el día a día

Aunque cabría esperar un alto nivel de consciencia, los intensos pensamientos obsesivos a menudo empañan esa actitud consciente, haciendo que resulte imposible ver las cosas con claridad. Y, como era de esperar, es muy difícil que una relación con tantas reglas y expectativas sea una relación feliz. Es probable que el «calculador de calorías» tenga una fuerte naturaleza compulsiva, y no solo hacia los alimentos.

Puntuación Heaspace por *mindfulness*: 5

Puntuación Headspace por salud: 7

El gourmet

Características

Sabe lo que le gusta y sabe cómo conseguirlo. El «gourmet» come solamente lo mejor, incluso si ello significa quedarse en números rojos para pagar por ello. Dedica mucho tiempo a pensar en comida, a hablar de comida y a comer, y tiene poco o nada en cuenta de dónde proceden los alimentos o el efecto que tendrán en su organismo. Así es la vida del «gourmet».

Típico diálogo interior

«Creo que esta noche iré a ese italiano tan agradable, o en lugar de ello a lo mejor hago sushi. Me pregunto si ya tendrán ese pescado especial. El chico del programa de vida salvaje de la televisión dijo el otro día que se trataba de una especie casi extinguida —¡mejor que no se mueran hasta que yo haya conseguido uno!—. Esto me recuerda que debería comprar ternera de camino a casa...»

Ventajas

El «gourmet» se permite el dudoso lujo de comer alimentos caros, insólitos y difíciles de encontrar. Esto da pie a que tenga unos extensos conocimientos sobre las distintas cocinas en términos de sabores, aunque pocas veces en términos de contenido nutricional y efectos sobre el organismo. Suele tener una alimentación variada que, si incluye los tipos adecuados de alimentos, será en principio beneficiosa.

Inconvenientes

Se preocupa poco por los nutrientes que ingiere y además come a menudo fuera de casa, de modo que el «gourmet» suele tener una dieta fuerte, rica en grasas y azúcares. Aunque no suele estar integrada por alimentos muy elaborados, sí suele ser de difícil digestión y puede conducir rápidamente a un aumento de peso. En un sentido más amplio, habría que considerar también una serie de cuestiones sociales y éticas.

Actitud frente a las dietas

El «gourmet» considera ridículo el concepto de ponerse a dieta. Te dirá que la vida es demasiado corta, que la comida está para disfrutarla y que no tienes que preocuparte por el futuro (incluso si ese futuro implica que requieras cirugía cardíaca motivada por el foie gras). Todo es cuestión de prioridades y, para un «gourmet», la comida está por encima de la pérdida de peso, en todo momento.

Consciencia en el día a día

Con un agudo sentido de la atención consciente mientras come, el «gourmet» está atento a los olores, los sabores y las texturas de los alimentos. Sin embargo, por desgracia, su entusiasmo pasa a menudo del disfrute al exceso. Y no hay que olvidar tampoco la tendencia habitual y desmesurada a pensar en comida, que ocupa cada momento del sujeto «Gourmet» mientras está despierto.

Puntuación Headspace por *mindfulness*: 5

Puntuación Headspace por salud: 4

El oso

Características

De forma muy parecida a su tocayo hibernante, el «oso» da la impresión de no poner en marcha su maquinaria metabólica. Hay sujetos que comen constantemente y aun así pierden peso, mientras que el «oso» come poco, pero sigue acumulando kilos de manera sorprendente. Debido a ello tiende a seguir una alimentación muy restrictiva, que a menudo no se corresponde con su figura ni con su talla.

Típico diálogo interior

«No es justo. Apenas he comido durante semanas y mi peso ni se ha movido. ¿Cómo puede esa flacucha de la oficina atiborrarse a bollos de nata cuando todo cuanto como yo es yogur y fruta y tengo el aspecto que tengo? En serio, no hay justicia en este mundo. Ojalá pudiera yo también atiborrarme a bollos de crema...»

Ventajas

Resulta difícil encontrar alguna ventaja a comer con tanta frugalidad, al margen ya de la figura, del peso, de la talla o de la imagen corporal, salvo que los individuos de este grupo son muy conscientes de los alimentos que consumen.

Inconvenientes

Cuando el organismo se ve privado de manera continuada de calorías, básicamente se apaga. Esto significa que el metabolismo disminuye, para no utilizar sus preciadas reservas de energía. Se trata de una buena noticia para la supervivencia de nuestra especie, pero de una mala noticia para quienes pretenden perder peso. Y luego está todo ese bagaje emocional. Los sentimientos de fracaso, frustración, depresión y culpa son todos habituales.

Actitud frente a las dietas

El «oso» es muy consciente de sí mismo. Aun siendo escéptico en lo referente a las dietas, probará sin embargo cualquier cosa nueva, siempre en busca de la «cura milagrosa». El ejercicio físico sería la mejor manera de poner en marcha su metabolismo, pero muy pocos «osos» confían en poder participar en algún tipo de actividad física. Aun así, es necesario desviar el centro de atención de las «calorías consumidas» a las «horas de actividad».

Consciencia en el día a día

El «oso» es muy consciente de los alimentos que consume, pero no es consciente, en general, de sus hábitos auto-perpetuadores y le cuesta deshacerse de ellos.

Suele ser hiperconsciente de su figura corporal, pero distorsiona la realidad proyectando imágenes en la mente que reflejan sus frustraciones por la lentitud de la pérdida de peso. Suele mostrar poca calma y escasa claridad de ideas.

Puntuación Headspace por *mindfulness*: 4

Puntuación Headspace por salud: 3

El comilón emocional

Características

El «comilón emocional» pocas veces come desde una posición de hambre, pues lo hace en busca de consuelo desde una posición emocional. Busca llenar cierto vacío o distraerse para no tener que reconocer sentimientos difíciles o dolorosos, de modo que para él comer es una forma de tratamiento emocional. Su alimentación no suele ser sana y consiste fundamentalmente en alimentos muy elaborados y excesivamente procesados.

Típico diálogo interior

«Estoy aburrido... ¿Dónde están las galletas? No puedo creer lo que me ha dicho... ¿Dónde están las patatas fritas? Y cómo se supone que me voy a hacer cargo de todo ese trabajo... ¿Dónde están esos muffins? Dios, cómo me gustaría tener a alguien con quien comentar todo esto... A lo mejor un poco de queso me levanta el ánimo. Realmente no debería comerme todo esto; me siento tan culpable...»

Ventajas

Aparte del alivio (muy) breve y (muy) fugaz de un sentimiento particularmente inquietante, comer de este modo no tiene ninguna ventaja.

Inconvenientes

Con frecuencia el «comilón emocional» se niega a sí mismo comidas buenas, sanas y equilibradas, a expensas de un continuo torrente de tentempiés y alimentos muy procesados. Su alimentación es a menudo rica en calorías, pero pobre en nutrientes. El evitar o el posponer una emoción no nos libra de ella. En el mejor de los casos la emoción en cuestión se mantiene, pero en el peor realmente se refuerza.

Actitud frente a las dietas

El «comilón emocional» saltará a la primera oportunidad de probar una nueva dieta, pero los intentos serán de corta duración. Ajeno en general a las señales habituales de hambre del cuerpo y con sensación de impotencia ante las emociones, suele resultarle muy difícil seguir cualquier plan de dieta establecido. Puede parecer una ironía, pero comerá en un intento por sentirse mejor.

Consciencia en el día a día

Los sentimientos nunca deben procesarse a través del consumo de alimentos, no importa lo apetitosos que sean. De hecho, el «comilón emocional» pocas veces es consciente de su tendencia a comer desde sus emociones. Empujando con una mano y tirando con la otra (tanto literal como metafóricamente), su actitud mental suele ser de divagación y confusión.

Puntuación Headspace por *mindfulness:* 2

Puntuación Headspace por Salud: 2

¿Qué tal? ¿Has podido identificar elementos de tu personalidad y de tus hábitos? Recuerda que la finalidad de estos grupos de «comedores» no es la de ofrecer una etiqueta fija y permanente. Están diseñados para ayudarte a identificar tus tendencias, tus patrones de alimentación, tus actitudes en relación con la comida, las dietas y tu cuerpo. Cuanto más tengas en cuenta esas tendencias en tu vida diaria, más consciente serás de lo que estás haciendo y de por qué lo estás haciendo. Y de la mano de la actitud consciente viene la elección. Déjate llevar instintivamente desde una posición de confusión, o abstente sin esfuerzo desde una posición de claridad. Pero no limites esta actitud consciente a tus propios patrones de alimentación: comienza a prestar atención también a la manera de comer de las personas que te rodean. ¿Cómo es la relación de tus amigos y familiares con la comida? ¿En qué grupo de «comedor» les pondrías? La observación de estas tendencias y conductas en otras personas puede ayudarte a tener una mayor comprensión y consciencia de ti mismo.

CAPÍTULO 5

La dinámica del cuerpo (donuts)

Aunque estamos siempre a vueltas con nuestro cuerpo, nuestros pensamientos y nuestras emociones, la mayoría de nosotros sabemos bastante poco sobre estos aspectos de nosotros mismos. Por supuesto, no es totalmente culpa nuestra. Si poco nos han enseñado de ellos en la escuela, si no necesitamos tener conocimientos sobre ellos por nuestro trabajo y si nadie nos ha animado nunca a conocerlos mejor ¿por qué habríamos de molestarnos? Solo cuando se tiene algún interés personal, estas cosas empiezan a cobrar importancia. Suponiendo que has comprado el libro por las razones que pienso, entonces adivino que consideras importante la relación entre el cuerpo, los pensamientos y las emociones por un lado y nuestros hábitos alimentarios por otro. Porque, seamos sinceros, comer es algo que no sucede de manera accidental. El donut no salta del plato a la boca. Existe todo un proceso. Por supuesto, en general, todo tiene lugar tan rápidamente que no nos damos cuenta de lo que realmente está sucediendo.

Pero ¿qué ocurriría si alguien activara la cámara lenta? ¿Qué pasaría si contemplaras todo el proceso con claridad, en todas y cada una de sus etapas? ¿Qué sucedería si te acostumbraras a prestar oídos a esos desencadenantes y a esas señales y fueses capaz de responder desde un lugar de serena consideración? ¿Y si fueras capaz de seguir todo el recorrido desde el momento del impacto sensorial hasta el momento del consumo? ¿Cambiaría ello tu forma de comer? ¿Cambiaría la elección que haces de los alimentos? ¿Influiría en tu percepción del donut? Yo creo que la transformaría por completo. Después de todo, esto es exactamente lo que significa ser plenamente consciente: estar atento, escuchar tus pensamientos y emociones, con un sano sentido de la perspectiva y capacidad para tomar buenas decisiones sobre la comida. Teniendo presente todo esto, rebobinemos para empezar desde el principio.

Introducción a los sentidos

De modo que el donut está ahí, en el plato, en el centro de la mesa. ¿En qué momento atrae tu atención? ¿Cuando te vuelves por primera vez y lo ves, y admiras la perfecta esfericidad del bollo, con su azúcar espolvoreado por encima? ¿O antes, cuando su dulce aroma empezó a flotar en el aire hacia ti? ¿O fue tal vez el ruido que producía dentro de la caja al ser zarandeado lo que te dio una pista sobre el placer que te esperaba? ¿O no fue hasta el momento en el que lo tuviste en tus manos o en tu boca y los jugos empezaron a fluir? Sea como fuere, se debió al extraordinario sistema sensorial humano.

Los cinco sentidos físicos (vista, oído, olfato, tacto y gusto) permiten la percepción de nuestro entorno y la interacción con el mismo. Áreas específicas del cerebro reciben estos datos y los interpretan, permitiéndonos llevar a cabo acciones como por ejemplo comer. Cada persona tiene su propia relación única con cada uno de los sentidos: unas personas están más habituadas a interactuar con la vista, otras están más en sintonía con el olfato. Esto puede perfectamente reflejar el tipo de personalidad que tienes en materia de comida y con el que te identificaste en el capítulo anterior, de modo que tómate un momento para pensar cuál es *tu* sentido más activo. En lo referente a la comida, por supuesto, existe una probabilidad bastante elevada de que todos los sentidos participen de un modo u otro. Comer es una experiencia intensamente sensorial y esta es la razón por la cual, cuando la mente no está entrenada y no se ven las cosas con claridad, los pensamientos y las sensaciones que experimentamos en relación con la comida pueden resultarnos tan abrumadores. Pero si prestamos atención a los sentidos físicos, los observamos y comprendemos cómo son con más detalle, podemos empezar a ser conscientes del proceso de deseo o compulsión en un estadio más temprano. Pero volvamos a nuestro donut para ver cómo se enfrentan los diferentes órganos de los sentidos a nuestro esponjoso amigo (o archienemigo, según se mire).

Vista

Oh, no me había dado cuenta de que hoy tenemos donuts en la oficina [¡vaya, tienen un aspecto estupendo!]… realmente no debería, qué pasa con la dieta y todo eso [sí, vale, dieta shmiet; pero míralos]. Supongo que uno solo no me puede hacer daño [es una caja entera… Oh, Dios mío, y además tiene azúcar por encima]. No, no, después de ti, por favor [rápido, antes de que venga alguien más]… Oh, gracias…

Lo ves, lo quieres, lo comes. Ese es el mecanismo habitual, ¿no? Ciertamente cada uno de estos pasos puede estar salpicado de breves momentos de pánico, justificación o culpa, pero verlo, quererlo y comerlo es la cadena más frecuente de episodios para la mayoría de las personas (especialmente si eres un «tragón», un «zombi», un «comilón compulsivo» o un «comilón emocional»). Y esa cadena de episodios comienza con la vista, que suele ser el sentido más dominante de los cinco.

Cuando la vista establece contacto por primera vez con el donut, por muy extraño que parezca, no da lugar a su identificación como donut. De modo que, por lo que sabes, bien podría ser un ramito grande de brécol. El reconocimiento consciente de lo que es solo tiene lugar una vez que la información ha sido enviada a la corteza visual a través del nervio óptico y después a la corteza cerebral. El nervio óptico es como una superautopista, que permite que la información visual viaje a la corteza visual en el menor tiempo posible.

La etapa siguiente de la función de la vista se conoce como percepción visual. Esta requiere la ayuda del cerebro para procesar e interpretar la información. Y es mucho más que un simple reconocimiento.

Los ojos ayudan también a valorar el brillo, el tamaño, la distancia y posiblemente incluso la velocidad a la que tendrás que cruzar la habitación para llegar al donut antes de que lo haga cualquier otro.

Oído

Sí, perdona, es que debo terminar este email [espera, qué era eso? He oído algo]... Sí, es urgente [ese ruidillo, ¿está cogiendo alguien otro donut?]... Parece que lo necesitan ya mismo [sonaba como si la caja estuviera ya casi vacía]... Sí, estoy en ello [ve a por el donut... no, el email primero... no, el donut primero... ¿son pasos eso que oigo?].

El sistema auditivo tiene una capacidad extraordinaria de transmisión de la información. A simple vista resulta tentador pensar que debe tener muy poco impacto sobre nuestros hábitos alimentarios, pero ¿qué ocurre con ese anuncio que te anima a que vayas a comprar un donut, con la sugerencia del amigo que te convence para que pruebes una nueva variedad o con el sonido del chisporroteo del donut friéndose según pasas por delante de una tienda por la mañana?

Supón que de repente empiezas a ser consciente del sonido del donut friéndose, mientras estás de pie esperando a alguien. Puede que estés revisando tus correos o mensajes en el móvil, sin darte cuenta de la tienda que queda a tu espalda. Pero esto no quiere decir que tu oído no esté procesando el sonido del donut friéndose. En esto radica la grandiosidad del sentido del oído: puede procesar sonidos sin requerir que te concentres en la fuente que los produce. De hecho, el oído sigue escuchando incluso cuando estás dormido.

El chisporroteo será «captado» en primer lugar por el oído externo y después «conducido» al oído interno, a través del tímpano y una serie de diminutos huesos denominados huesecillos del oído. La vibración generada en el oído por el chisporroteo es transmitida a las conducciones semicirculares del conducto auditivo, donde es finalmente reconocida por el cerebro.

Del mismo modo que ocurre con la vista, el cerebro necesita después reconocer el sonido —por intensidad, tono y tipo— e interpretar aquello que está escuchando. Una vez confirmado el sonido por comparación con el sonido de un chisporroteante donut en los archivos de memoria, empezará a activarse la zona del cerebro asociada al deseo.

Olfato

Sí, no podría estar más de acuerdo [¿qué es ese olor?]... sí, desde luego, creo que es una idea excelente [¿son donuts recién hechos eso que huelo?]... sí, he pensado mucho en ello [¡realmente son donuts eso que huelo!]... no, no, le escucho, solo pensaba en ello [¿de dónde viene el olor?]. Claro, por supuesto... ¿me disculpa un momento?

La nariz es responsable de captar olores y aromas y de conducirlos al cerebro. Resulta difícil imaginar otro sentido físico que forme parte integral de nuestra relación con la comida en mayor medida que este, dado que para la mayoría de las personas el olor es responsable, al menos, del 75% de lo que perciben como sabor. (Fíjate en ello la próxima vez que tengas un resfriado.)

¿Qué ocurre entonces en tu cuerpo cuando vas al supermercado y, de repente, te asalta el olor a donuts (astutamente desviado desde la panadería hacia la entrada)? Pues bien, un montón de pequeños receptores del olor (conectados con el nervio olfatorio en la parte posterior de la nariz) interactúan con los vapores del aire y después transmiten la sensación a una parte concreta del cerebro.

Aunque el «jurado de la ciencia del olor» siga deliberando, se piensa en general que el cerebro reconoce el olor por comparación con un «mapa químico» en el que se almacenan los recuerdos de los olores. Se cree que, de manera sorprendente, este mapa está integrado por apenas siete olores primarios. Y aun así, *de algún modo*, llega a la conclusión de que «huele» a donuts. Sin embargo, no hay dos personas que perciban los olores exactamente igual, de modo los donuts puede oler maravillosamente para ti, pero su olor puede poner malo a otra persona.

De todos los sentidos, puede decirse que el olfato es uno de los más evocadores y uno de los que más emociones desata. Párate un momento a pensar en tu comida favorita por su olor y después en la que menos te gusta. La memoria olfativa es a menudo tan fuerte que pone en marcha los mismos mecanismos que si la comida estuviera delante de ti. Los olores pueden incluso influir en tu estado de ánimo y tienen importantes implicaciones para todos, pero especialmente para las personas propensas a comer guiadas por su estado emocional, como el «comilón emocional».

Tacto

Oh no, gracias, estoy bien, de verdad [por favor ofrécemelo otra vez]... no de verdad, estoy a dieta [por favor, por favor, ofrécemelo una vez más]... oh, está bien, si insistes [¡uf, gracias Dios mío!]...gracias [vaya, está blandito, parece recién hecho esta mañana... todavía está caliente, ¡apuesto a que esta buenísimo!]... eres tan persuasivo. Ni siquiera tengo hambre...

El tacto es el primero de los cinco sentidos que se desarrolla e interviene en nuestra relación con la comida. Adivino que no te sorprenderá, dado que los labios, la lengua y las yemas de los dedos ocupan los primeros puestos de la lista de las cinco partes más sensibles del cuerpo (dejo a tu imaginación cuáles son las otras dos). En pocas palabras, el tacto nos permite sentir la textura y la temperatura del donut, tanto en las manos como en la boca.

Al agarrar el donut, parte de los cuatro millones de células nerviosas y receptores sensoriales presentes en la piel resultan activados por la temperatura, la vibración y la presión del donut (¿vibran los donuts?). Es en esta fase cuando recogemos información sobre si es duro o blando, áspero o suave, pesado o ligero, caliente o frío, seco o húmedo. Esta información es transmitida vía médula espinal al cerebro, donde tienen lugar el reconocimiento y la valoración (¿es un donut o una rosca de pan? ¿Es fresco o está correoso?). Este mensaje te estará ayudando a crear un cuadro mental del donut, que estimulará el deseo o el rechazo. Este impulso, a su vez, conformará tu decisión de consentir o contenerte (en función de la textura), comerlo ahora o esperar a que se enfríe (en función de la temperatura), tomar solo un donut o tomar dos (en función de la presión o del peso percibido). Por supuesto, si eres un «zombi», seguramente pasarás por alto la mayor parte de estos aspectos y te comerás el donut, independientemente de todos ellos.

Gusto

Sí, lo siento mucho, el autobús llegó tarde [está bien, arréglate el pelo]... ni siquiera me ha dado tiempo a desayunar, he tenido que comprar de camino un café y este donut [que está increíble, por cierto]... ajá [tan dulce]... ajá [realmente se deshace en la boca]... ajá [no puedo escuchar ni una palabra de lo que estás diciendo, blablablablablabla...].

Cuando se trata de disfrutar y de conocer la comida (y no solo los donuts), el gusto, es decir la percepción del sabor, es posiblemente el más importante de los cinco sentidos. Pero nuestra experiencia gustativa está tan interconectada en multitud de forma con los demás sentidos que resulta difícil hablar del gusto de manera aislada. Como dije, aproximadamente el 75 por ciento del «gusto» procede del «olfato» y después están el tacto, la textura, la temperatura y muchos otros aspectos que hay que añadir a la mezcla.

Pero en el momento en el que das un mordisco a un donut, se activan los receptores gustativos de la lengua y del techo de la boca (conocidos también como papilas gustativas). Y al mezclarse la saliva con los ingredientes, la «recepción» de esas papilas gustativas se intensifica. El ser humano tiene alrededor de diez mil papilas gustativas como estas en la boca, cada una de ellas integrada por más de cien células.

De hecho, algunos catadores con aptitudes increíbles, o «supercatadores», tienen más de veinte mil papilas gustativas, el doble de la cantidad que tiene un individuo normalmente. Se trata, así pues, de una capacidad enorme para saborear donuts y explica por qué muchas de estas personas se convierten en catadores profesionales de alimentos y bebidas).

A la mayoría de la gente le resultan familiares los cuatro grupos básicos de sabores: salado, dulce, amargo y agrio. En términos generales, cada uno de estos sabores se percibe en un área concreta de la lengua. Sin embargo, en la realidad, las papilas gustativas son mucho más complejas, existiendo otros posibles grupos de sabores, entre los que se incluyen el «umami» (un sabor a carne identificado en alimentos fermentados o añejos, como la salsa de soja y el queso), el sabor fresco (identificado en la menta y el eucalipto), el picante (en la guindilla), el graso (en alimentos grasos) y el seco (en la fruta no madura). Sea cual sea el sabor, una vez que los receptores sensoriales han percibido el *tipo* de sabor, lanzan esta información a través de tres nervios craneales diferentes en dirección al cerebro, donde se crea una hipótesis fundamentada sobre cuál es el alimento, a qué sabe y si es buena idea seguir comiéndolo. Dado que cada ser humano tiene un paladar degustador único, es posible que un alimento que a una persona le parece delicioso, a otra le haga buscar el cubo de la basura. Y algo más, muchos sabores pueden *convertirse* en placenteros, incluso si en un principio no te agradaban. (Si hay algún alimento en particular que desearías que te gustara, puede interesarte el ejercicio propuesto al final del capítulo 6). Pero, por ahora, volvamos a nuestro donut…

Introducción al cerebro

Bienvenido a la sala de máquinas, al cerebro, el lugar en el que los datos del donut recogidos por los cinco sentidos son valorados e identificados y se elabora la respuesta (o no, según el caso). ¿Por qué quieres comer un donut en primer lugar? ¿Qué es lo que te lleva hasta el punto del consumo? Existen dos sistemas en juego: el primero regula tu necesidad orgánica de energía y, a través de una compleja interacción de hormonas, neuropéptidos y neurotransmisores (en el sistema digestivo y en el cerebro), *hace* que sientas hambre y te anima a comer. El segundo es, simplemente, que a ti te gusta comer donuts y has creado algún tipo de asociación emocional positiva con ellos. No es que *necesites* el donut, más que nada es que lo *deseas*. Esta capacidad para ignorar las necesidades físicas del cuerpo puede ocasionarnos todo tipo de problemas y la abordaremos con más detalle en el siguiente capítulo. Por ahora, sin embargo, supongamos que realmente *necesitas* el donut para proporcionar a tu cuerpo más energía.

Para que el cerebro sepa cuándo comer o dejar de comer, el organismo genera hormonas que actúan como una señal sobre una parte del cerebro conocida como hipotálamo. Esta área del cerebro funciona como si fuera un termostato, pero en lugar de controlar la temperatura, regula muchas de nuestras funciones corporales básicas (regula además nuestro ciclo de sueño-vigilia y el deseo sexual). Cuando se trata de regular la ingesta de alimentos, el hipotálamo monitoriza nuestros niveles de insulina y glucosa sanguínea, diciéndonos cuándo comer y cuándo *dejar* de comer. Si ignoramos estas señales, obviamente tendemos a comer por encima o por debajo de lo conveniente. No es que las señales desaparezcan, es solo que las señales que hacen que *queramos* un alimento ahogan a las señales que nos dicen si *necesitamos* alimento. La práctica de la atención plena te ayudará a volver a estar en sintonía con estas señales más sutiles, permitiendo una consciencia mucho más intensa de las sensaciones físicas.

Pero ¿por qué motivo querría nuestro propio cuerpo animarnos a comer más de lo que necesitamos? Bien, la respuesta breve sería que el ser humano, durante la mayor parte de su existencia en este planeta, ha sufrido escasez de alimentos. Por ello, hemos evolucionado de manera que experimentamos placer a la vista de alimentos muy calóricos, como los donuts, por su capacidad para mantenernos durante largos períodos de tiempo. El problema, por supuesto, se plantea cuando la comida no escasea. Aun abundando los alimentos, nuestro sistema de recompensa no reconoce tal situación y sigue generando altos niveles de excitación, impulsándonos a comer el donut y a almacenar las calorías para más adelante.

En muchos sentidos la comida actúa sobre el sistema de recompensa del cerebro de forma similar a las drogas o reproduce otros tipos potencialmente adictivos de conducta. Este impulso adictivo no se desarrolla solamente en el plano de los pensamientos y las emociones de la *mente*, sino también en el plano del funcionamiento del *cuerpo*, con la liberación física de un neurotransmisor llamado dopamina. La dopamina hace que deseemos las cosas, de modo que cuando nuestro cerebro registra la visión del donut, se libera dopamina, que desencadena la sensación de deseo intenso. Cuando más tarde nos comemos el donut, experimentamos placer a medida que lo masticamos y el cerebro aprende a desearlo aún más, liberando incluso más dopamina la siguiente vez que nuestro sistema sensorial entra en contacto con el donut.

Con cada nuevo ciclo la sensibilidad del cerebro a este tipo de recompensa aumenta, tanto es así que otros placeres más mundanos de los que solíamos disfrutar empiezan, en comparación, a languidecer. Al mismo tiempo empezamos a desarrollar tolerancia a la liberación de dopamina, de modo que necesitamos cada vez más y más para obtener el mismo resultado que antes. Al final puede que el placer no sea en absoluto tan grande, pero el deseo ha llegado a ser tan intenso que —si no somos conscientes— podríamos perfectamente sentirnos forzados a conseguir más donuts para aliviar ese deseo compulsivo. ¿Quién habría pensado que el simple acto de comer un donut pudiera ser tan complicado? Cuanto antes empieces a ser más consciente de esta diversidad de desencadenantes, asociaciones y sensaciones, con más calma y claridad vivirás tu relación con la comida y de este modo tomarás las decisiones más adecuadas para ti.

Introducción al estómago

Con objeto de tomar las decisiones correctas y regular nuestra alimentación del mejor modo posible, el «centro del hambre» en nuestro cerebro (el hipotálamo) necesita escuchar muy detenidamente las señales procedentes del cuerpo —especialmente las del estómago—. Cuando no queda ya rastro de comida en nuestro estómago y los niveles de azúcar en sangre son bajos, el estómago segrega una hormona llamada grelina, que actúa sobre el hipotálamo para estimular el apetito. Prácticamente del mismo modo, al «repostar», los tejidos grasos segregan una hormona distinta llamada leptina, que envía señales al hipotálamo para poner freno y dejar de comer.

Por muy efectivo y sofisticado que pueda parecer este sistema, el problema es que, cuando estamos devorando con avidez ese sabroso donut, las señales procedentes de la respuesta hormonal simplemente no son comunicadas.

La mayor parte de los científicos están de acuerdo en que el cerebro necesita algo así como 20 minutos para reconocer que el estómago está lleno. Esto podría ir acompañado de una sensación familiar de opresión a la altura de la cintura (que puede requerir aflojar el cinturón o, en casos graves, un cambio de pantalones). Por esta razón los dietistas suelen aconsejar a las personas que mastiquen más y que coman más despacio, de manera que dé tiempo a que el estómago envíe esta información al cerebro y evite que comamos en exceso. Se trata de un buen consejo, porque, aparte de todo, realmente contribuye a la digestión y permite obtener todos los beneficios nutricionales del alimento que se está consumiendo.

No obstante, cuando se trata de comer, 20 minutos es un tiempo sorprendentemente largo y supone una ventana de oportunidades que pueden hacer muño daño (sirva de ejemplo el poseedor del record mundial de ingestión de perritos calientes, Kobayashi, apodado «el tsunami» por su capacidad de ingestión, que se ventiló en una ocasión ¡69 perritos calientes en 10 minutos!). Gran parte del consumo excesivo de comida tiene lugar dentro de esos 20 minutos de «reconocimiento de plenitud» y la actitud de comer simplemente hasta que el cuerpo se siente lleno tiene inconvenientes evidentes. Sin embargo, una vez que te hayas familiarizado con esta forma consciente de comer que te propongo, no necesitarás que tu estómago esté a punto de reventar para darte cuenta de su plenitud. Cuando empieces reconocer estas señales físicas de forma habitual, desarrollarás rápidamente la capacidad para identificar en qué momento el estómago está al 50 por ciento en cuanto a sensación de plenitud, o al 75 por ciento, en lugar de darte cuenta cuando ya se haya superado el 100 por cien.

Efectos del *mindfulness* y del entrenamiento mental sobre el cuerpo

En Headspace procuramos firmemente no realizar demasiadas promesas, porque cada persona es distinta y los resultados del entrenamiento mental difieren de una persona a otra. No obstante, a menudo es realmente difícil, en la medida en que existen numerosos e interesantes estudios que demuestran los sorprendentes efectos beneficiosos del *mindfulness* y de otras técnicas similares de entrenamiento mental. De modo que, sin garantizar nada y simplemente informando sobre los descubrimientos realizados por los científicos en investigación clínica, he aquí mi lista *Top 10* de hallazgos científicos favoritos relacionados con el entrenamiento de la mente, y del cuerpo, para encontrar (o reencontrar) tu peso, tu figura y tu talla ideales. En el capítulo siguiente conocerás los efectos sobre la mente y las emociones.

1. La atención plena o *mindfulness* incrementa la densidad de las neuronas en el hipocampo, una parte del cerebro asociada a la estabilidad emocional. Y, como sabéis, estabilidad emocional significa comer de forma más saludable.
2. Incrementa el riego sanguíneo en la ínsula. Esta es la parte del cerebro asociada a la percepción consciente de las sensaciones corporales, como la de plenitud durante o después de una comida.
3. Reduce la producción de la hormona del estrés, el cortisol. Esto favorece el mantenimiento de la masa muscular magra, al mismo tiempo que ayuda a perder los depósitos grasos no deseados.

4. Reduce la presión arterial, los cual conduce a una disminución del riesgo de cardiopatía.

5. Incrementa el flujo sanguíneo a la corteza cingulada anterior, que es el centro cerebral del autocontrol. De esta manera disminuye la probabilidad de sucumbir a los deseos compulsivos de comida.

6. Aumenta la actividad de la corteza prefrontal lateral, que interviene en la autorregulación y la toma de decisiones. Se ha asociado con elecciones alimentarias más saludables.

7. Reduce los síntomas del síndrome de intestino irritable (SII). De hecho, se ha puesto de manifiesto que es tres veces más eficaz que la asistencia regular a un grupo de apoyo para SII.

8. Fortalece el sistema inmunitario, lo cual ayuda a sentirse mejor y a tener mejor aspecto. Y el modo en el que te sientes físicamente puede cambiar radicalmente lo que piensas de tu cuerpo.

9. Incrementa la actividad en el cerebelo, una parte del cerebro que regula la velocidad, la coherencia y la pertinencia de pensamientos y emociones.

10. Incrementa la conectividad entre diferentes áreas del cerebro, aumentando de este modo la eficiencia y la velocidad de la transmisión de los mensajes de una parte a la siguiente... ¿Estás escuchando, Kobayashi?

El cuerpo es un organismo excepcional, con un sistema sensorial que nos permite recoger información sobre los alimentos de un modo increíblemente minucioso. Pero es un organismo que requiere un delicado estado de *equilibrio* para mantenerse sano y bien. De modo que, cuanto más consciente seas de estas señales, más en sintonía estarás con tu cuerpo. Si entrenamos la mente de esta forma, a través de la práctica de *mindfulness,* podemos aprender a sentarnos con nuestras emociones y deseos, sin actuar necesariamente sobre unas y otros. Esto nos permite vivir como se pretende, al mismo tiempo que vivimos en un entorno que ha superado nuestra evolución fisiológica. No se trata de un cambio etéreo, intangible, sino más bien de un cambio físico, estructural y duradero. Es un cambio que empieza a renovar tu disco duro, modificando los patrones de comportamiento que antes considerabas para toda la vida. La *atención consciente* y el *comer de forma consciente* permiten que se produzca ese cambio.

El *mindfulness* te brindará la oportunidad de vivir con tu peso natural y con una talla que te permita sentirte cómodo, seguro y a gusto con tu cuerpo.

Ya *sabes* lo que el cuerpo necesita para funcionar bien. Necesita una dieta equilibrada a base de alimentos sanos, frescos y nutricionalmente ricos. (Si no estás seguro de cuáles son, consulta la Guía práctica de nutrición de Headspace, en el capítulo 10. También puedes encontrar más información e ideas de utilidad en www.getsomeheadspace.com/ books/theheadspacediet.) Elijas los alimentos que elijas, realiza comidas regulares, nutricionalmente ricas y no muy copiosas, tal y como se recomienda en el Plan de 10 días, que te ayudará a generar en tu cuerpo sensación de satisfacción o saciedad. Esto no solo reducirá tu nivel de hambre, sino que además te ayudará a estabilizar esos niveles de azúcar en sangre que suelen llevarte a la lata de galletas a mitad de la tarde.

Ejercicio Headspace: jugando con los sentidos

Es posible que, según vayas pasando las páginas de este libro, pienses que, aunque comer de forma consciente parece una excelente *idea,* su puesta en práctica debe ser una tarea algo más dura. No te preocupes: no hay ninguna razón por que la experiencia de comer de forma consciente no pueda ser un poco más lúdica. Podría incluso gustarte convertirla en una experiencia sensual y compartirla con tu pareja (aunque quizá no en la primera cita y probablemente tampoco en un restaurante). Pero antes de poner en práctica *Nueve semanas y media* (si eres lo bastante mayor como para recordar este clásico de los años 80), conviene insistir en que *mindfulness* consiste en *no* dejarse llevar por emociones y, de este modo, ser capaz de detenerse en el momento presente con una sensación subyacente de calma y claridad. Hablando de comer, esto significa tener claridad a la hora de tomar decisiones que sean las más adecuadas para ti. Algo en lo que pensar cuando guardas el sirope de chocolate y la nata montada al fondo del frigorífico. He aquí un breve ejercicio para que lo intentes. Necesitarás a un amigo o amiga, o a tu pareja, para realizarlo.

1. Siéntate en una silla con un antifaz o una venda en los ojos.

2. Pide a tu amigo o pareja que busque 10 alimentos diferentes por la cocina. Es mejor que lo haga si tu orientación y sin tener en cuenta tus preferencias. Pídele que te sirva en un plato ante ti porciones de cada alimento del tamaño de un bocado. (Estoy seguro de que no hace falta decirlo, pero pídele que los alimentos estén limpios y preparados de forma que sea seguro comerlos).

3. A continuación, pídele que guíe tu mano hasta el plato y elige uno de los alimentos a probar. Si lo prefieres (y te sientes confiado), puedes incluso dejarle que guíe tu mano hacia un alimento concreto en el plato. De cualquier modo, en este punto debes tener ya una porción de alimento en tus manos.

4. Tómate tu tiempo para examinar el alimento con las manos y comenta sobre la marcha a la otra persona qué es lo que sientes. Esto te animará a ser mucho más concienzudo de lo que serías si lo estuvieras describiendo solo para ti mismo. Tómate tu tiempo para percibir la textura y la temperatura, y observa cómo la mente proyecta inmediatamente una imagen de cómo piensas que es su aspecto, aunque no puedas verlo.

5. Ahora devuelve el alimento a la otra persona y posa las manos sobre tu regazo. Ya has prescindido del sentido de la vista para poder concentrarte mejor y ahora vas a prescindir también del sentido del tacto, lo cual te permitirá centrarte más fijamente en los sabores, los sonidos y los olores.

6. Pide a la otra persona que acerque el alimento a tu nariz y lo sostenga de manera que tú puedas olerlo. Procura inhalar profundamente, mediante inspiraciones largas y lentas, y después

realizar una inspiraciones más cortas para captar cualquier posible aroma. Muchos alimentos elaborados tienen sorprendentemente muy poco olor, de modo que has de estar especialmente atento si tienen en la etiqueta muchos números precedidos por una E.

7. A continuación, pide a tu amigo que sostenga el alimento a tu oído y, si es posible, que rompa un pedacito. Si esto no es posible, pídele que lo agite un poco, hunda los dedos en él o haga alguna otra cosa para que el alimento genere ruido. Es probable que esta parte del ejercicio sea más difícil que las demás y, de hecho, deberás escuchar atentamente.

8. Y ahora viene la parte divertida. Pide a tu amigo que deposite suavemente el alimento sobre tu lengua. Déjalo ahí un momento para ver qué sabores puedes captar. Después cierra la boca y empieza a mover el alimento por su interior con la lengua, fijándote en los sabores más evidentes. ¿En qué parte de la boca los percibes? ¿Al fondo, delante, en el techo de la boca, en el lateral de la lengua? Tómate tu tiempo para darte cuenta.

9. Si puedes, presta atención a los pensamientos que desencadena el alimento según lo saboreas. Por ejemplo, ¿la sensación es de placer o de disgusto? ¿Existe sensación de previsibilidad o de sorpresa? ¿Tu mente se embala inmediatamente, deseando comer más, o te encuentras a ti mismo deseando lavarte la boca para deshacerte del sabor?

10. Por último, tómate tu tiempo para percibir cualquier reacción emocional particularmente intensa. Por ejemplo, ¿te produce el alimento sensación de bienestar y seguridad, o hace que sientas ansiedad, culpabilidad o incertidumbre? Procura tomar conciencia de los desencadenantes emocionales en juego para cada uno de los alimentos. Después, puedes intercambiarte con la otra persona y dejar que realice también ella el ejercicio.

CAPÍTULO 6

La dinámica de la mente (chocolate)

D ESPUÉS de haber considerado los procesos que tienen lugar en el *cuerpo*, podrías tener la tentación de echar la culpa de tus hábitos alimentarios al hipotálamo, por no regular tu sistema correctamente, o quizá a tu sistema de recompensa de dopamina, por repartir más premios de los que realmente necesitas. Pero todo esto sería un error. (Aparte de todo, no se trata de culpar a algo o a alguien por nuestra manera de ser, sino más bien de averiguar por qué hacemos las cosas que hacemos.)

En efecto, además de las poderosas reacciones físicas y químicas que tienen lugar en el organismo, existe la influencia del pensamiento y de las sensaciones que se generan en la mente. ¿Qué es lo que te lleva a agarrar esa chocolatina, incluso cuando tu cuerpo no la necesita? ¿Es un pensamiento, o es una sensación? ¿O son ambas cosas indiferenciables? ¿Lo haces porque «piensas» que es una buena idea, incluso si no lo «sientes» así, o lo «sientes» precisamente así, incluso si «piensas» que es una mala idea? Cuando se trata de la mente humana, a menudo resulta difícil separar el pensamiento de la sensación.

Introducción al pensamiento

Las palabras *cerebro* y *mente* se utilizan a menudo indistintamente y muchas personas tienden a pensar que son equivalentes. Sin embargo, existe una gran diferencia tanto en apariencia como en funcionamiento. Cuando te imaginas esa chocolatina, ¿dónde está? ¿Es como si la imagen estuviera proyectándose justo delante ti? ¿Puedes tocarla? ¿Es algo sólido y tangible? ¿O es algo más amplio e *intangible*? Bien, a menos que tengas poderes para sacar las chocolatinas de la caja por arte de magia (¿no sería bonito?), supongo que lo que habrás encontrado será... en fin, nada. Por muy raro que pueda parecer, cuando nos centramos en un pensamiento de esta manera, vemos que no hay nada. Es como si pudiéramos pasar la mano a través de él.

Y aun así, hay *algo* ahí, ¿no es así? Después de todo, puedes verlo, hace que te sientas de una determinada manera, puede incluso traerte a la mente el olor o el sabor del chocolate. En este sentido un pensamiento es un poco como un arco iris o una nube. Porque, por un lado, el arco iris es brillante, vivo y claramente visible pero, por otro lado (como te dirá cualquiera, siempre que no sea un duende), puedes correr hacia él todo cuanto quieras que nunca llegarás al final, porque no existe sustancia alguna inherente a él. Y la mente es algo parecido a esto. Cuando un pensamiento aparece en la mente, independientemente de si ha llegado por voluntad propia, o porque tú lo has conjurado, carece de sustancia real. Sin embargo, aunque por naturaleza puedas ser el vacío, un pensamiento está lleno a rebosar de *potencial* pensador en chocolate.

El proceso

Veamos, estás ahí sentado escribiendo un e-mail, cuando, de repente, un pensamiento asalta tu mente: «Me vendría bien un poco de chocolate». No eres tú quien de forma *consciente* llevas ese pensamiento a tu mente, sino que el pensamiento te asalta procedente no se sabe de dónde, ¿de acuerdo? Puede que haya surgido estimulado por un sonido, un olor, un recuerdo o una asociación pero, sea cual sea el desencadenante, de repente te encuentras a ti mismo pensando «Realmente me vendría bien un poco de chocolate». Este es un momento interesante, ya que es el momento de las posibilidades. Y, como todos sabemos, cuando se trata de diálogo interior, las *posibilidades* pueden ir en cualquier dirección.

Posibilidad A: tolerancia

«Realmente me vendría bien un poco de chocolate... a lo mejor hay una de esas chocolatinas nuevas con caramelo... Casi puedo saborearla... mejor acabo primero el email... no, no puedo esperar; además, el azúcar extra me ayudará a concentrarme... Quizá debería comprar dos, por si me entra esta urgencia también más tarde... Siempre puedo guardar una en el escritorio para otro momento. Vale, ya está... al fin y al cabo estará ahí durante más de una hora... De acuerdo, puede que compre tres chocolatinas...»

Posibilidad B: resistencia

«Me vendría realmente bien un poco de chocolate... ¡NO! No pienses en eso... ¡vete! —palitos de zanahoria, palitos de zanahoria, palitos de zanahoria—. Nop, no estoy escuchando, no voy a caer en la tentación... *por favor*, no dejes que caiga en la tentación... lalalalalala... Ah, ¿por qué no me dejas en paz de una vez? No quiero chocolate... De acuerdo, sí... pero no voy a tomar nada porque sé que engordo... Dios, odio mi aspecto... por favor no me hagas comer otra chocolatina...»

Posibilidad C: *mindfulness*

«Me vendría realmente bien un poco de chocolate... oh, mira, un pensamiento.»

Lo que suele suceder cuando vemos un pensamiento en la mente es que reaccionamos. Al *reaccionar*, le damos impulso. Puede ser un impulso hacia delante, como en la Posibilidad A, o un impulso hacia atrás, como en la Posibilidad B. De cualquier forma, la reacción refleja (que se produce a menudo al margen de nuestra consciencia) conduce a una cadena de pensamientos con capacidad para dar lugar a una acción, de la que más tarde podemos arrepentirnos (como zamparse uno solo la caja entera de bombones de tamaño familiar). Por extraño que parezca, incluso la Posibilidad B, en la que existe mucha resistencia, puede llevarnos a comprar la chocolatina. Esto se debe a que, a menudo, como resultado de esa resistencia y del conflicto interior que se genera, decidimos tirar la toalla, simplemente para tener un poco de paz en la mente.

Probablemente ya te habrás dado cuenta de que el diálogo interior para la Posibilidad C es muy breve. Por supuesto, este es el escenario en el mejor de los casos, pero suponiendo que estés siendo plenamente consciente, cuando aflore ese primer pensamiento contémplalo con claridad, sabiendo que, como el arcoíris, está vacío, es inexistente, solo que está repleto de posibilidades. Al contemplarlo con claridad, el pensamiento pierde su impulso y se disipa en el aire. No existe tolerancia en el pensamiento, y en consecuencia tampoco impulso adicional hacia delante, y no existe resistencia, de modo que tampoco hay impulso hacia atrás o de represión. Existe simplemente un pensamiento que aparece y desaparece.

Evidentemente, hace falta un poco de práctica para llegar a ser consciente tan rápidamente del primer pensamiento o para verlo con tanta claridad y recordar que no tiene poder sobre ti cuando se contempla en este contexto. Pero como ahora sabes, *mindfulness o la atención plena* (y el comer de forma consciente) *es una habilidad. Requiere práctica, para lo cual deberás dedicar un poco de tiempo cada día a familiarizarte con esta sensación de consciencia* (como en el ejercicio «Tómate 10 minutos» del capítulo siguiente), pero también deberás acordarte de ser más consciente en general en tu vida diaria. Lo mejor es que, a medida que vayas acordándote de ser más consciente, te irás familiarizando con la sensación de consciencia. Y al resultarte más familiar, te acordarás más fácilmente de ser consciente: un círculo virtuoso de consciencia.

Con todo, existen indudablemente recordatorios físicos que conducen a la presentación de esos «primeros pensamientos» y cuanto mejor conozcamos el origen de esos desencadenantes, mayor consciencia aplicaremos probablemente a los pensamientos y a la conducta que provocan. Echa un vistazo a algunos de los candidatos a provocar pensamientos no bienvenidos sobre el chocolate.

Los desencadenantes

Ambiente

Me gusta ir a llenar el depósito de gasolina del coche... Siempre me premio a mí mismo con una barrita de...

¿Qué compras para comer cada vez que vas al cine? ¿Y cada vez que vas al aeropuerto o a la estación de tren? ¿Qué sueles comer en el trabajo? El ambiente en el que nos encontramos desencadena con mucha facilidad pensamientos y, para muchas personas, simplemente el hecho de caminar hacia el frigorífico estimula ya los pensamientos sobre helados. De igual modo, el hecho de estar en un pub puede llevar a pensar en pedir pedir patatas fritas o frutos secos. ¿Qué alimentos asocias con qué lugares?

Actividad

No puedo esperar a que empiece la película... mejor voy a por el chocolate antes de sentarme...

¿Cuál es el primer pensamiento que te viene a la mente cuando te dejas caer de golpe frente al televisor? Para muchas personas es «Mmmm, quizá debería comer algo». Esta es una poderosa asociación que puede perfectamente hacerte saltar de la silla para ir a buscar algo que «te haga compañía» mientras miras cualquier cosa en la televisión. Puede ocurrir lo mismo cuando conducimos o viajamos, cuando salimos con ciertos grupos de amigos y, especialmente, cuando cocinamos o preparamos la comida.

Compañía

Me gusta reunirme con mamá... ella siempre tiene chocolate...

¿Consumes ciertos alimentos con determinados tipos de personas? Por ejemplo, ¿el hecho de sentarte a tomar una taza de té con tu madre estimula el pensamiento de un pastel casero? ¿O sentarte en el sofá con tu pareja estimula el pensamiento de comida a domicilio? ¿Y tiendes a comer más cuando estás con otros? Muy a menudo los pensamientos relacionados con la comida surgen desencadenados por otras personas y por asociaciones con ellas.

Sensaciones físicas

Uf, estoy tan cansado… puede que una barrita de chocolate me anime un poco…

Aunque esté íntimamente relacionado con los sentidos, esto tiene más que ver con sensaciones generales de apatía, estrés, malestar, dolor, fluctuaciones hormonales o con alguna de las sensaciones físicas relacionadas con el hambre —como dolor de estómago—. Es asombrosa la velocidad a la que el pensamiento resulta estimulado en estas situaciones. Incluso la más ligera punzada en el estómago puede desencadenar un pensamiento de comida. O puede ser una sensación de cansancio, causada por bajos niveles de azúcar en sangre, la que desencadene el pensamiento.

Contacto sensorial

Ese chocolate huele tan bien… Voy a tener que comprar un poco también…

Tal y como mencioné en el último capítulo, los sentidos son especialmente hábiles a la hora de recoger información de nuestro entorno. Y dado que la comida desempeña un importante papel en la vida, no es una coincidencia que los pensamientos relacionados con ella y desencadenados por los sentidos se sucedan a diestro y siniestro. Piensa si existe algún modo de caminar por una concurrida calle sin tener pensamientos de comida. Ya sea la visión de algo en el escaparate de una tienda, el sonido de unos perritos calientes friéndose en un puesto callejero o el olor a bizcocho de una pastelería, probablemente todo ello generará en tu mente pensamientos relacionados con la comida. A veces, simplemente seguimos nuestros sentidos hasta el punto del consumo, exactamente como hace un zombi.

Subidones emocionales

No me puedo creer que haya aprobado el examen de conducir... creo que me voy a tomar algo de chocolate para celebrarlo...

Ha sido un día fantástico y te sientes estupendamente. ¿Salta a tu mente el pensamiento de celebrarlo premiándote con algo? Estás locamente enamorado y quieres pasar la tarde con tu pareja. ¿Piensas en salir a cenar o en cenar algo en casa? No solo las llamadas emociones «negativas» desencadenan pensamientos de comida: los pensamientos agradables pueden también estimular estos pensamientos con la misma facilidad.

Bajones emocionales

Odio mi aspecto y esa dieta no me ha funcionado, a lo mejor un poco de chocolate me levanta el ánimo...

Déjame decirte que estás un poco de bajón. ¿Alguna vez el sentirte así ha desencadenado en ti pensamientos de comida? ¿Y qué ocurre cuando sientes ansiedad? ¿Las mariposas en el estómago te producen pensamientos sobre comida (aunque sea de aversión)? ¿Y qué ocurre si te sientes solo? ¿Esta sensación ha desencadenado alguna vez en ti pensamientos relacionados con la comida? Cuando se trata de estados emocionales intensos, las asociaciones entre el alivio temporal de esa emoción y la comida pueden ser increíblemente fuertes. Este aspecto resulta especialmente llamativo si tienes tendencia a comer de forma similar al «comilón emocional» o al «comilón compulsivo».

El reloj

Bien, son casi las 3 de la tarde... hora del chocolate o'clock...

«Oh, es la una en punto, será mejor que coma algo.» «Las once menos diez... solo quedan diez minutos para el café y el bollo.» No es más que un disco redondo con dos manecillas y números y, sin embargo, el reloj puede desatar más pensamientos sobre comida que ninguna otra cosa. Este aspecto suele vincularse a la importancia de las horas de comer cuando éramos jóvenes o a recompensas anticipadas (otra vez el sistema de la dopamina), sobre la base del cálculo de tiempo de trabajo frente a tiempo libre.

Otras sustancias

Necesito de verdad un poco de chocolate... Tengo que conseguir un poco... ¿Tienes algo de chocolate?

¿Asocias irremediablemente y de manera intensa vino y aperitivo o cerveza y cortezas? ¿Y qué ocurre cuando has bebido realmente mucho? ¿Dispara ese estado el pensamiento de un «kebab»? Algunas sustancias están tan interconectadas con un deseo de comida que inspiran incluso frases, del tipo —en el caso de la marihuana— «tengo un antojo». Es poco probable que esto afecte al tipo «gourmet», pero definitivamente hay que estar atentos en el caso del tipo Socialite.

Hábitos de pensamiento

El ser humano tiende a suponer que el apetito se halla ligado al *sabor* de los alimentos, pero como has podido ver en el apartado de desencadenantes, a menudo las asociaciones ambientales y emocionales son las que conforman el hábito de pensamiento, con mucha mayor probabilidad que el sabor en sí mismo. De hecho, en un estudio reciente de la Universidad de California del Sur, los investigadores sirvieron palomitas de maíz frías y correosas, hechas una semana antes, a personas que acudían al cine. Y para sorpresa de todos, se las comieron sin dejar ni una, igual que los afortunados a los que les habían tocado las palomitas recién hechas. *Ese* es el poder del pensamiento habitual. El estudio indica que, una vez que hemos *formado* un hábito alimentario, no prestamos atención al *sabor* del alimento. No solo esto, sino que si el impulso y la asociación son lo suficientemente fuertes, comeremos la misma cantidad, sin importar si el alimento está fresco o rancio, recién hecho o correoso. La asociación ambiental y el hecho de experimentar un pensamiento familiar son suficientes para seguir adelante con la acción de comer.

De modo que, si estamos dispuestos a comer palomitas revenidas simplemente porque el pensamiento de comer palomitas nos salta a la cabeza cada vez que cruzamos las puertas del cine, imaginemos en cuántas otras áreas de la vida es posible que estemos aplicando una actitud similar. Párate un momento a considerar el *proceso* de desarrollo del pensamiento, ese momento de posibilidades. Recordarás que en ese momento tenemos la ocasión de ser mentalmente conscientes, de contemplar el pensamiento con claridad o de desviarnos hacia la tolerancia o la resistencia.

Déjame decirte que el patrón de pensamiento se desarrolla a través de un deseo, el de chocolate, es decir de la tendencia a dejarse llevar por la tolerancia. Creo que la manera más sencilla de entenderlo consiste en imaginar los pensamientos como eslabones de una cadena. El primer pensamiento (el del chocolate) es como el primer eslabón de la cadena. Pero sin más eslabones que unir a este, no sería nunca una cadena, solo sería un eslabón suelto. En esta fase no hay impulso en absoluto, de modo que si se contempla este pensamiento con claridad, simplemente se desmorona. Sin embargo, lo que *suele* ocurrir es que pasamos por alto este primer pensamiento, este primer eslabón. Es como si sucediera al margen d nuestra consciencia, al tiempo que cada nuevo pensamiento va sumando más eslabones a la cadena. Entonces, si *realmente* no somos conscientes, si estamos absolutamente *distraídos*, entonces no nos daremos cuenta de nada hasta que la cadena tenga ya una longitud de 5 ó 10 minutos (estos son muchos eslabones en la cadena). Es en este punto cuando, de repente, te das cuenta de que has estado soñando despierto con el chocolate durante todo el tiempo, y has entrado tan de lleno en el pensamiento que (en tu mente) has ido a la tienda, lo has comprado, te lo has comido, te has arrepentido, te has puesto a dieta, te has sentido bien contigo mismo y después has ido y has comprado otra barrita de chocolate. Así actúa la mente en su tendencia a volar y divagar.

El problema es que en esta fase la cadena de pensamientos corre a tal velocidad y con tanto ímpetu que es muy probable que la sigamos hasta el punto de la acción (el punto en el que conseguimos la barrita de chocolate y nos la comemos). Esto se debe en buena medida a las señales fisiológicas y a los procesos que se inician en el organismo cuando nos imaginamos comiendo chocolate. Y cuanto más a menudo permitamos que la mente divague de este modo, más a menudo estaremos estimulando esos mismos patrones de respuesta química y más fuerte será la tendencia a seguir ese mismo camino. En pocas palabras, desarrollaremos un patrón habitual de pensamiento. Este halla reflejo asimismo en los patrones del cerebro donde, cada vez que tenemos esta serie de pensamientos, se forman y se refuerzan vías nerviosas específicas. Es como si estuvieras creando una autopista de pensamientos inducidos por el chocolate. Cuantas más veces utilices la autopista, más definida estará y cuanto más definida esté más usarás la autopista. En el mejor de los casos puede tratarse de un patrón algo frustrante; en el peor, puede resultar increíblemente destructivo.

Implicaciones de ser consciente de los pensamientos

Me doy cuenta de que estas ideas pueden resultar algo difíciles de comprender —es lo que suele ocurrir cuando se abordan asuntos de la mente—. Por eso es tan importante el capítulo siguiente. No obstante, en general, tan pronto como se comienza a aplicar la técnica de *mindfulness*, se empiezan a escuchar los pensamientos. Esto supone distanciarse de la ocupación de la mente y contemplar los pensamientos desde un lugar de consciencia y perspectiva. Contemplar los pensamientos con claridad significa saber cómo alcanzar y cómo mantener un estado mental de equilibrio y serenidad, con objeto de estar centrado y al mismo tiempo relajado mientras eres testigo de los pensamientos y de las sensaciones de la mente. Relacionar los pensamientos con sensibilidad significa no criticar ni juzgar los pensamientos que vas viendo, sino reconocerlos con empatía, comprensión, paciencia y condescendencia.

En lo que respecta a dejar marchar los pensamientos sin apego ni resistencia, esto significa, por un lado, dejar marchar el deseo de luchar con la mente y, por otro, no dejarse llevar por sensaciones o pensamientos concretos.

Esta es una posición de serena ecuanimidad, de feliz complacencia, en la que conscientemente permites que los pensamientos vayan y vengan, sin la necesidad de suprimir los llamados pensamientos negativos ni de alentar los llamados pensamientos positivos. *No* tiene que ver con pensar, persuadir, razonar, justificar ni conceptualizar. Y tampoco tiene que ver con la fuerza de voluntad. Tiene que ver con la *consciencia*, la inteligencia natural de la mente, que hace posible que veas el pensamiento con tanta claridad que no sientes el deseo imperioso de actuar sobre él (a menos que quieras, por supuesto). Esta experiencia es absolutamente *corriente* y, al mismo tiempo, es *extraordinaria*. Es *corriente* porque requiere muy poco esfuerzo, porque surge de manera natural, porque no es más que la inteligencia natural de tu propia mente. Y es *extraordinaria* porque deja la elección en tus manos. Es como quitarse una venda de los ojos y ver las cosas con claridad, como nunca antes las habías visto.

Y aún más: te ofrece el espacio y la libertad que necesitas para tomar las decisiones correctas para ti. Es esta nueva sensación de calma y claridad la que va a ayudarte a llegar a un lugar de felicidad y satisfacción por la manera de sentirte y verte a ti mismo. En vez de *reaccionar*, como es habitual, a sensaciones, situaciones y pensamientos relacionados con la comida, tendrás espacio para tomar aire. Y tendrás tiempo para responder de una manera nueva, para considerar qué es lo mejor para ti, sin sentirte afectado por emociones que habitualmente te suponen conflicto, confusión o agobio. Como podrás imaginar, cuando se trata de tomar las decisiones correctas en materia de alimentación y de tener una relación sana con tu cuerpo, la diferencia entre una reacción instintiva y una respuesta meditada es esencial.

Introducción a las emociones

Al igual que ocurre con los pensamientos, el conocimiento que tenemos de nuestras emociones es increíblemente limitado, aun siendo algo tan esencial para nuestra experiencia vital. Esto suele deberse a que vivimos tan implicados en ellas que no podemos contemplarlas claramente desde la necesaria perspectiva. Por supuesto, hoy en día los neurocientíficos pueden decirnos lo que sucede desde el punto de vista fisiológico (en nuestro cerebro) cuando experimentamos una emoción y los estudiosos de la conducta pueden ver cómo las emociones afectan a nuestro comportamiento. Y todo esto resulta de gran ayuda. ¿Pero cambia cómo te sientes? Y lo que es más importante ¿cambia la manera en la que *reaccionas* a cómo te sientes? Porque, exactamente igual que sucede con los pensamientos, podemos *conocer* los argumentos intelectuales sobre las diferentes características de las emociones, pero estos conocimientos, por sí solos, no cambian nuestra *experiencia* de ellas.

Por ejemplo, puede que sepas que no debes enfadarte contigo mismo por comerte la barrita de chocolate (porque esa ira libera hormonas dañinas para tu organismo y provoca aumento de la presión arterial), pero que lo sepas no ayuda mucho a evitar que te enfades. De igual modo, puede que sepas que tomártelo con calma y tener un poco más de cuidado con tu alimentación harán que te sientas menos estresado, si bien esta información resulta de escasa utilidad si la preocupación por lo que comes te está volviendo loco. Esta brecha entre lo que sabemos y comprendemos *intelectualmente* y nuestra verdadera *experiencia* con las emociones de la vida diaria se abre en ocasiones ante nosotros como un abismo. Pues bien, el *mindfulness* puede considerarse el puente entre estos dos tipos diferentes de conocimiento y conduce a una comprensión más auténtica de las emociones y a un cambio más definido en nuestra conducta.

Sin duda, los desencadenantes emocionales y los patrones de comportamiento forman parte del ser humano. Las emociones se desarrollen en la mente por el sencillo hecho de estar vivos y tratar de impedirlas o de «mantenerlas a raya» causa todo tipo de problemas. Tener emociones es parte inherente al ser humano, una *función muy necesaria*.

Aunque parezca extraño, el problema no suele residir en las emociones en sí mismas, sino en la manera en la que reaccionamos a ellas y nos relacionamos con ellas. Y como ya habrás adivinado, el truco está en aprender a distanciarse, a identificar la emoción cuando surge, a contemplarla como si se desplegara y se derramara sobre ti, para después simplemente dejarla marchar. En esto se basa la práctica de *mindfulness*. Consiste en aprender a tomar una posición desde la cual puedas *ver* la emoción con claridad, *sentirla* con claridad, una posición de calma, sin percibir la necesidad de reprimir ni de ceder a esa sensación. Desde esta posición de consciencia, las emociones resultan espectaculares en vez de aterradoras, y transformadoras en lugar de destructivas.

Aunque este concepto es sencillo y lo suficientemente directo, como podrás imaginar lleva su tiempo adquirir un poco de práctica para ser capaz de dejar marchar las emociones sin esfuerzo. Esta es la razón por la cual es tan importante la práctica constante y regular de *mindfulness*. Uno de los numerosos efectos beneficiosos del ejercicio «Tómate 10 minutos» del siguiente capítulo es que te enseña a ser más consciente de tus emociones. Te enseña a familiarizarte con ellas, a dejarles espacio y a tomarlas menos en serio (sin socavar la importancia del desencadenante). «Tómate 10 minutos» te proporcionará sin duda un marco excepcional para conocer mejor tus emociones.

El proceso

¿Hay algo en la vida que *no* esté bajo la influencia de las emociones? Las emociones afectan a nuestra percepción de la gente (incluidos nosotros mismos), de las situaciones, de las circunstancias de nuestra vida y del ambiente en el que vivimos. Son nada más y nada menos que el filtro entre «nosotros» y el «mundo» (entre «tú» y la «barrita de chocolate»). Como resultado de ello, animan y definen cada una de nuestras experiencias vitales. Si alguna vez has tenido un par de gafas de sol con cristales tintados entonces sabrás que, al ponértelas, cambia inmediatamente tu visión de cuanto te rodea. Es como si todo adquiriera el aspecto tintado de las lentes de color. Nada a tu alrededor ha cambiado, pero la manera en la que tú *ves* el mundo es diferente.

Las emociones actúan de un modo similar. Cuando nos sentimos furiosos, el mundo puede parecernos un lugar tremendamente amenazador y ciertos alimentos pueden parecernos una alternativa muy reconfortante o una feliz distracción. En este particular estado de la mente tendemos a ver ciertas situaciones como obstáculos y a otras personas (o incluso a nosotros mismos) como chicos malos. Así es como nos parece el mundo cuando lo miramos a través de las «lentes de la ira». En cambio, cuando nos sentimos felices, el mundo nos parece distinto, en sentido positivo. Vemos las mismas situaciones como oportunidades y a las mismas personas (posiblemente nosotros mismos) como chicos buenos. Así es como se nos presenta el mundo a través de las «lentes de la felicidad». El mundo que nos rodea no ha cambiado tanto y, sin embargo, nuestra experiencia en relación con ese mundo es radicalmente distinta.

Y, como ocurre con los pensamientos, para las emociones existe también un momento de posibilidades, que es el instante en el que nos damos cuenta, o empezamos a ser conscientes, de que estamos sintiendo de una determinada manera.

Posibilidad A: tolerancia hacia la emoción

Oh, no me daba cuenta de que sentía ansiedad...

«... Bueno, tenía que llegar la hora... No me puedo creer que haya engordado más. ¿Cómo puede hacer sucedido? He estado comiendo como un pajarito... y están a punto de llegar las vacaciones. No voy a poder meterme nunca en el biquini... Voy a parecer una ballena... va a ser tan humillante. Cómo voy a perder tanto peso... Quizá mi destino sea ser gorda... Quizá debería dejar de ir a la playa en vacaciones... Quizá vaya a esquiar...»

Posibilidad B: resistencia a la emoción

Oh, no me daba cuenta de que sentía ansiedad...

«... Oh no, otra vez siento ansiedad. Odio sentirme así... rápido, piensa en un montón de cosas positivas... No tengo ansiedad, no tengo ansiedad, no tengo ansiedad... Oh, Dios mío, todavía me siento así... ¿Cómo puedo deshacerme de esa sensación? No tengo ninguna razón para sentir ansiedad... Todo está en mi cabeza... Sé que todo está en mi cabeza... pero ¿por qué no puedo librarme de ella? Ay, odio esta sensación... ¿Cómo podría deshacerme de ella?...»

Posibilidad C: *mindfulness*

Oh, no me daba cuenta de que sentía ansiedad...

«... Qué interesante... De acuerdo, así que ¿cómo es la experiencia real de ansiedad? ¿Cuál es la sensación física? ¿Cuál es...? Oye, ¿dónde se ha ido la ansiedad?»

Como puedes ver, este momento de posibilidades puede desarrollarse de distintas maneras, dependiendo de nuestro nivel de consciencia y de cuál sea nuestra tendencia a reaccionar ante una emoción en particular. El aspecto que a menudo más sorprende en lo referente a las emociones es que una fuerte *resistencia* a una emoción tiende a conducir a tanta inquietud mental como la tolerancia —posiblemente a más—. Sea como fuere, tanto la tolerancia como la resistencia son como la leña para el fuego e inevitablemente alimentarán las llamas de esa emoción que arde con viveza. Por otro lado, el *mindfulness* trae consigo y favorece un enfoque más amplio y objetivo, que puede alterar radicalmente el proceso —como has visto en el ejemplo—. Es posible que la emoción no desaparezca inmediatamente, pero mientras nos enfrentemos a ella con actitud dulce, amigable y curiosa, estaremos aprovechando la ocasión para contemplar la emoción como lo que realmente es, en lugar de asustarnos o enfadarnos por lo que pensamos que *podría* ser.

Con el tiempo esta modalidad de observación de las emociones debilita su arraigo en nuestra persona. Dejan de asustar, agobiar o debilitar tanto. En lugar de ello, nos brindan la oportunidad de conocer nuestra mente y de vivir la vida de forma más satisfactoria. En cierto modo, el proceso de las emociones es similar a la relación con los pensamientos. Porque solo cuando somos conscientes de nuestras emociones podemos dejarlas marchar. Cuando nos convertimos en presa de una emoción, nos «convertimos» en esa emoción. De manera que, si se trata de soledad, «Estaré solo» y en consecuencia «Voy a comer porque estoy solo». Esto es muy diferente a considerar la emoción con *claridad*, desde una perspectiva distinta y quizá con un mayor sentido de «Oh, hay un montón de soledad por aquí hoy». La diferencia puede parecer nimia, pero supone un salto tan radical de perspectiva que puede cambiar tu vida de un modo que nunca habrías pensado que fuera posible.

Los desencadenantes

Los desencadenantes de una emoción pueden ser tan diversos como los que dan lugar a un pensamiento. Sin embargo, en este contexto, lo que es más interesante es observar cómo estos desencadenantes emocionales llevan a una determinada *conducta* en relación con la comida. Por ejemplo, ¿cuáles son tus hábitos de alimentación cuando estás triste? ¿Y cuando estás enfadado, o sientes ansiedad? ¿La comida se convierte simplemente en «algo que hacer» cuando estás aburrido? ¿Qué ocurre en los estados más profundos de soledad, culpabilidad y auto-aversión, que tan a menudo desencadenan episodios de consumo emocional de comida?

Pero las denominadas emociones negativas no son las únicas que pueden actuar como desencadenantes emocionales. Consideremos la sensación de nerviosismo. Cuando te sientes así, ¿tiendes a dejarte llevar en cuanto a la *cantidad* y la *calidad* de la comida? ¿Y qué ocurre cuando simplemente estás muy contento? ¿Se trata de una señal emocional que indica que todo va bien en el mundo y que una porción de pizza no será más que la guinda del pastel (o el queso de la pizza)?

Echa un vistazo a la siguiente lista de estados emocionales y piensa en la manera en la que afectan a tus hábitos personales de alimentación. ¿Te animan a comer con mayor o menos frecuencia? ¿De forma más o menos saludable? ¿Dan lugar a que comas más o menos? Estas preguntas y este tipo de reflexión con importantes para comprender tus hábitos de alimentación y tendrán un papel esencial en tu Plan de 10 días. Puede resultarte útil escribir las respuestas para cada estado emocional en el espacio que se facilita en cada punto.

1. Nervioso
   Reacción típica:
   Aumento o disminución del consumo de alimentos:

2. Deprimido
   Reacción típica:
   Aumento o disminución del consumo de alimentos:

3. Ansioso
   Reacción típica:
   Aumento o disminución del consumo de alimentos:

4. Feliz
   Reacción típica:
   Aumento o disminución del consumo de alimentos:

5. Enfadado
   Reacción típica:
   Aumento o disminución del consumo de alimentos:

6. Satisfecho
   Reacción típica:
   Aumento o disminución del consumo de alimentos:

7. Agotado
   Reacción típica:
   Aumento o disminución del consumo de alimentos:

8. Culpable
   Reacción típica:
   Aumento o disminución del consumo de alimentos:

9. Apoyado
   Reacción típica:
   Aumento o disminución de alimentos consumidos:

10. Solo
    Reacción típica:
    Aumento o disminución de alimentos consumidos:

Hábitos emocionales

El proceso que conduce a comer de una forma emocional es absolutamente normal. Como ya dije en la introducción, en el mundo desarrollado existen pocas personas por encima del umbral de pobreza que coman solo por hambre. Casi todo el mundo es sensible a los desencadenantes y a los patrones emocionales. De hecho, puede que se trate de algunas de las respuestas condicionadas más arraigadas que experimentamos en la vida. Un reciente estudio aleatorio sobre adicciones alimentarias llevado a cabo en Estados Unidos ha encontrado que el 100 por cien de las mujeres entrevistadas refirieron haber experimentado ocasionales deseos compulsivos de comer, y lo mismo refirieron el 70 por ciento de los hombres. Estos antojos emocionales pueden asaltarnos a cualquiera de vez en cuando.

El consumo emocional de alimentos es realmente un problema solo si se convierte en tu principal estrategia para regular tu estado de ánimo. Este hábito conductual puede ser un plan consciente o algo que «simplemente haces», sin ser consciente de ello. Sea como fuere, la razón por la que digo que se convierte en un problema es porque tiende a dar lugar a una conducta insana. Por ejemplo, cuando una persona se deja llevar por hábitos de alimentación emocional, es bastante frecuente que adopte un patrón de atracones. En efecto, se estima que más del 10 por ciento de la población —hombres y mujeres— cae con regularidad en este tipo de atracones.

Como regla general, cuanto más fuerte sea la tendencia habitual, más probable será que continuemos con ese tipo de acción. Una vez más, también es importante tener en cuenta la otra cara de la moneda. Cuando presentamos una fuerte resistencia a una tendencia concreta, es probable que *esa* resistencia acabe siendo tan fuerte como la propia tendencia (incluso si la posibilidad solo está latente). Por ejemplo, ¿has sido alguna vez estricto con tus comidas, viviendo quizá con cierto grado de auto-aversión, para terminar estallando y dejándote llevar por un montón de comida basura? La fuerza de este estallido será equivalente al grado de autoaversión. Por mucho que digamos «no quiero, no puedo, no debo», al mismo tiempo estaremos alimentando la sensación de «quiero, puedo, debo». Todo esto son simplemente las dos caras de una misma moneda. Cuanto más refuerces una, más estarás reforzando la posibilidad de la otra. Esta es la razón por la cual la fuerza de voluntad, por sí sola, nunca es suficiente para lograr un cambio de conducta duradero y sostenible en relación con la comida.

En muchos aspectos todo lo expuesto halla expresión en la mentalidad de la persona que encadena una dieta tras otra, el «adicto a las dietas», que es muy estricto, después muy relajado y después otra vez muy estricto. Como probablemente habrás imaginado (o incluso como podrás atestiguar), en circunstancias normales puede ser muy difícil escapar de este patrón de conducta, distanciarse de los vaivenes emocionales, a veces arrolladores. Es aquí donde la tercera posibilidad resulta tan importante: no hay que ceder ante las emociones, no hay que resistirse a la emociones, solo hay que tomar cierta distancia y contemplar la emoción con claridad y con atención plena y consciente.

Es una habilidad que cualquiera puede aprender, pues solo requiere un poco de práctica. Por extraño que parezca, en ocasiones se piensa que si prestamos demasiada atención a las emociones y actuamos desde una posición de dulce comprensión y no desde una actitud de combativa dominancia, nunca alcanzaremos nuestros objetivos. De hecho, muchos de nosotros parecemos programados para creer que tenemos que *convencernos* a nosotros mismos de que debemos sentirnos de otra manera, o que forzarnos a nosotros mismos a cambiar. Sin embargo, nuevos estudios están demostrando precisamente lo contrario. En la Wake Forest University de Estados Unidos investigaciones recientes han puesto de manifiesto que, cultivando una actitud de aceptación y compasión hacia nosotros mismos, podemos reducir nuestro nivel de antojos y de consumo alimentos como consuelo. Los psicólogos pidieron a 84 mujeres, muchas de las cuales seguían una dieta, que se comieran un donut. Inmediatamente después se les pidió que se comieran una golosina. Después de esto, podían dejar de comer o seguir comiendo tantas golosinas como quisieran. Las mujeres estaban repartidas en dos grupos de igual tamaño: un grupo de mujeres a las que se había enseñado a ser más condescendientes y amables consigo mismas y otro de mujeres que no habían recibido directrices de ningún tipo.

Los investigadores observaron que las mujeres a las que se había enseñado a ser un poco condescendientes consigo mismas y que, por tanto, se habían permitido las golosinas, habían comido considerablemente menos que las mujeres del otro grupo. Al mismo tiempo aquellas que se habían reñido a sí mismas y que se mostraban consternadas por haberse comido el donut, acabaron en realidad comiendo más. El estudio demuestra que, muy a menudo, la autocrítica termina alimentando nuestros patrones negativos de alimentación, en lugar de acabar con ellos. Por otro lado, cuando somos benévolos con nosotros mismos y, por tanto, emocionalmente menos reactivos, nos sentimos menos estresados y somos menos propensos a comer en busca de consuelo.

Se trata de un estudio fascinante y que tiene claras implicaciones para la pérdida de peso —por no hablar de la manera en la que abordamos nuestros estados emocionales habituales—. La negación aumenta la probabilidad de que un día perdamos el control y tiremos por la borda todo el duro trabajo realizado. Mientras que el permiso nos proporciona sensación de libertad y de espacio, sin vernos forzados a actuar necesariamente sobre cada pequeño antojo o deseo. Conviene quizá mencionar que se ha observado también que las personas con mucha autocompasión son más resistentes, socialmente más relacionadas y menos propensas a la ansiedad y a la depresión.

Efectos del *mindfulness* sobre las emociones

Se ha puesto de manifiesto que el *mindfulness* resulta particularmente eficaz para cambiar patrones emocionales. En un estudio, después de 42 días de programa de *mindfulness* centrado en la alimentación, los «atracones» disminuyeron un 50%. Una vez más, los niveles de depresión y ansiedad referidos por los participantes antes del estudio también cayeron desde niveles clínicos hasta niveles subclínicos al final del programa.

Por otro lado, en un estudio aislado llevado a cabo en Universidad de California, los investigadores observaron que a las personas que comían dejándose llevar por las emociones les costaba identificar, regular y manejar sus emociones. Sin embargo, con la introducción de la práctica regular de *mindfulness*, descubrieron que la técnica les ayudaba a resolver este trastorno. Llegaron a la conclusión de que «Con *mindfulness*, aprendemos a comer de forma más relajada, no crítica, y conseguimos ser más conscientes de nuestras emociones, más conscientes de nuestro apetito, de cuándo necesitamos comer y de cuándo debemos parar». Este es un punto realmente interesante, porque muy a menudo el *mindfulness* se presenta como una manera de «apaciguar» las emociones, de alcanzar un estado de embotamiento emocional. Pero los investigadores han observado que, lejos de ser *menos* conscientes de las emociones, la práctica de *mindfulness* realmente nos hace *más* conscientes de ellas. La diferencia está en la perspectiva. De modo que, en lugar de ser arrollados por la emoción, en lugar de *convertir-*

nos en la emoción, surge la capacidad de observar la emoción, sin tener que reprimirla ni que dejarse llevar por ella. ¿No te parece una manera sana de comer, una manera sana de vivir?

Efectos sobre la mente del *mindfulness* y del entrenamiento mental

Como ya he dicho, cuando se observan los efectos del *mindfulness* o atención plena y del entrenamiento mental sobre el organismo, los hallazgos no son promesas ni garantías de lo que sucederá inmediatamente, pues cada persona es diferente. Sin embargo, *son* un reflejo de los resultados hallados en ensayos clínicos científicos y, por tanto, no hay ninguna razón por la que no habrías de experimentar los mismos efectos beneficiosos. Algunos de estos estudios tuvieron una duración de apenas cinco días o una semana, mientras que otros se extendieron durante mucho más tiempo, en general en torno a ocho semanas. He aquí mis hallazgos Top 10 favoritos que pueden servirte de inspiración para entrenar tu mente al mismo tiempo que tu cuerpo en el camino hacia el descubrimiento (o redescubrimiento) de tu peso, tu talla y tu figura ideales.

1. Reduce la urgencia de darse un atracón o de comer como consuelo, con *disminución* de la reactividad en la parte del cerebro asociada a compulsión y *aumento* de la actividad en el área asociada al autocontrol.
2. Reduce la divagación mental, que a menudo conduce a la «toma de decisiones inconscientes» en relación con la comida. Por el contrario, si tu mente no se dispersa, puedes ser consciente de la decisión.
3. Reduce la *intensidad* de las emociones. Por ejemplo, al ser consciente del «deseo» y reconocerlo, la mente se calma, siendo menos probable que se decante por la acción.

4. Reduce considerablemente la incidencia de conducta habitual en lo referente a la comida, en la medida en que se ha demostrado que el *mindfulness* ayuda a renovar los circuitos neurales que favorecen esa tendencia.

5. Puede mejorar la calidad del sueño y reducir el insomnio, disminuyendo a la mitad el tiempo que tarda la persona en dormirse. Dado que los patrones de sueño saludable se hallan estrechamente ligados a la obesidad, este aspecto es increíblemente importante.

6. Reduce la sensación de ansiedad (en relación con la comida, el cuerpo y cualquier otra cosa). De hecho, numerosos estudios han puesto de manifiesto que reduce *considerablemente* el nivel de ansiedad. ¿No es estupendo?

7. Reduce tendencias y conductas adictivas. En efecto, se ha demostrado que es más eficaz a la hora de ayudar a la gente a dejar de fumar que cualquier otro tratamiento no farmacológico utilizado en Estados Unidos.

8. Reduce los episodios recurrentes de depresión (en personas con tres o más episodios previos). Se ha observado que es tan eficaz como los antidepresivos.

9. Incrementa la consciencia de tus pensamientos y te permite experimentar las emociones de forma más completa y comprendiéndolas mejor. Esto supone la toma de decisiones más adecuadas para ti en materia de alimentación.

10. Aumenta la sensación de felicidad, bienestar y optimismo. Es difícil exagerar la importancia de estas cosas cuando se trata de vivir una vida sana y de disfrutar de un plan de alimentación sostenible.

Ejercicio Headspace: comprende tus preferencias

¿Te has preguntado alguna vez por qué unos alimentos te gustan y otros no? Quiero que elabores una lista de tus tres alimentos «más queridos» y tus tres alimentos «más odiados». ¿Qué ocurre con esos tres alimentos que no te gustan? ¿No te gustan por el sabor, la textura, el olor, el ruido que hacen al comerlos, o por su aspecto? Si te resulta más fácil, escribe las razones. Puede que tus razones no tengan nada que ver con ninguno de estos aspectos. Quizá no te guste un alimento porque te han dicho que es malo para ti, porque de algún modo no es sano. O puede que se deba a la asociación entre el alimento y un momento o un lugar concreto en tu vida —o incluso una persona de tu vida—. Y, por supuesto, aplica el mismo procedimiento a los alimentos de los que nunca te cansas. Ya sea por lo que despiertan en tus sentidos ya sea por una asociación emocional, seguro que hay una buena razón por la que te gustan.

En lo que respecta al desarrollo de una técnica firme y estable de *mindfulness,* existe un aspecto práctico fundamental en el análisis de los gustos alimentarios. No requiere analizar tu pasado ni acudir a terapia, sino simplemente desarrollar una actitud de curiosidad hacia tus gustos y tus hábitos de alimentación. Probablemente ya habrás adivinado mis intenciones y, en el marco del interés por el desarrollo de una nueva relación con la comida y con tu cuerpo, te recomiendo que realices los dos siguientes ejercicios. Recuerda: es algo entre tú y tú mismo, de modo que no te sientas forzado a comer algo que realmente te disgusta (y, por favor, no comas nada a lo que seas alérgico). De igual modo, no estoy alentándote a que te atiborres de los alimentos que más te hacen disfrutar.

EJERCICIO 1: Alimentos que te gustan

1. Escoge un alimento que de verdad te guste y siéntate a la mesa.

2. ¿Qué es lo primero que te viene a la mente cuando lo observas? ¿Qué es lo que te atrae? No importa lo que sea, sigue examinando cada uno de los siguientes puntos, pero ten en cuenta este aspecto que te vino a la mente en primer lugar.

3. ¿Es su *apariencia*? Y si es eso, ¿qué detalle de su apariencia es el que te atrapa? ¿Es el envase, el color del alimento, la forma o el diseño? Agárralo y míralo de cerca.

4. ¿Es el *olor* del alimento? Si es eso, ¿qué detalle de su olor es el que te atrae? ¿Es porque es dulce, picante, salado? Una vez más, tómalo, huélelo y trata de comprender qué es eso que tanto te gusta.

5. ¿Es la *textura* del alimento? Si es así, ¿que detalle de su textura es el que te gusta? ¿Es la sensación o la temperatura del alimento lo que te atrae cuando lo tienes delante? ¿O es el recuerdo de la sensación que produce cuando lo tienes en la boca? Puede que sea la sensación crujiente o la sensación de derretirse en tu boca.

6. ¿Es el *ruido* del alimento? Si es eso, ¿qué aspecto de ese ruido te atrae? ¿Es el crujido crocante al partirlo por la mitad o el ruido que sigue produciendo el alimento cuando lo sacas del horno?

7. ¿Es el *sabor* del alimento? Por supuesto, esto es lo que estabas esperando. Si es el sabor lo que te gusta, entonces ¿qué aspecto del sabor es el que te atrae? ¿Te gusta porque es dulce, salado, picante o por un sabor que destaca entre todos los demás? Tómate tu tiempo para saborear el alimento, para mantenerlo en la boca y comprender por qué te gusta tanto.

8. ¿Es la *asociación emocional* con la comida? ¿De dónde procede? ¿Te trae a la mente comidas familiares, con todo el mundo sentado alrededor de la mesa? ¿O te hace recordar los tiempos en soledad, quizá de viaje en el extranjero? Puede que te haga pensar en una determinada persona o en una época concreta de tu vida. Sé consciente de las sensaciones emocionales que sostienen el intenso deseo por ese alimento.

9. ¿Son tus *pensamientos*? ¿Se calman tus pensamientos cuando te relajas comiendo este alimento? ¿Percibes sensación de lucidez cuando te centras atentamente en el gusto y saboreas los matices? ¿Cómo se comporta la mente cuando te sientas a comer este alimento?

10. ¿O es la *sensación física* de comer este alimento? ¿Te deja con una placentera sensación de pesadez y adormecimiento, o quizá activo y alerta? ¿Hace que te sientas en forma, tonificado y agradablemente saciado? Sea como fuere, tómate tu tiempo para poder darte cuenta de por qué te gustan los alimentos que te gustan y de dónde procede el deseo de consumirlos. Y, cuando los contemples de esta manera, tómate tu tiempo para saber si sigues sintiendo el mismo grado de apego emocional hacia ellos.

EJERCICIO 2: Alimentos que no te gustan

1. Toma un alimento que no te guste nada y siéntate a la mesa.

2. ¿Qué es lo primero que te viene a la mente cuando lo observas? ¿Qué es lo que te llena de espanto? No importa lo que sea, sigue examinando cada uno de los siguientes puntos, teniendo en cuenta qué fue lo primero que te vino a la mente.

3. ¿Es su *aspecto?* Y si es eso, ¿qué detalle de su aspecto es el que te desagrada? ¿Es el color, la forma, el parecido con alguna otra cosa? Agárralo y míralo por lo que es, en lugar de por lo que piensas que es.

4. ¿Es el *olor* del alimento? Si es eso, ¿qué matiz de su olor es el que te disgusta tanto? ¿Es su amargor, el modo de pegarse al fondo de la garganta o de quedarse después flotando en el aire? Una vez más, tómalo, huélelo y trata de comprender qué matiz de su olor es el que tanto te desagrada.

5. ¿Es la *textura* del alimento? Si es así, ¿que detalle de su textura es el que te provoca rechazo? ¿Es su superficie áspera, su superficie suave, el tacto en tu mano o la sensación en la boca? ¿O es simplemente el recuerdo de una sensación cuando ya lo has comido?

6. ¿Es el *ruido* que hace el alimento? Si es eso, ¿cuál es el aspecto de ese ruido que tanto de disgusta? ¿Es el ruido abrasivo que hace contra el cuchillo, el sonido chirriante que genera cuando lo masticas o el que se produce al sorberlo?

7. ¿Es el *sabor* del alimento? Y, si es el sabor, ¿qué aspecto del sabor es el que te produce escalofríos? ¿Es su empalagoso sabor dulzón, el amargor, el regusto salado o picante? No importa cuánto te desagrade el alimento, intenta llevártelo a la boca y analizar los sabores. ¿Qué es lo peor que puede pasar?

8. ¿Es la *asociación emocional* con el alimento? ¿De dónde procede? ¿Te transporta a situaciones difíciles con familiares o amigos? ¿Te recuerda una etapa concreta de tu vida que no te gusta o a la que ahora querrías desesperadamente volver? Presta atención a las sensaciones emocionales que surgen cuando intentas comer el alimento.

9. ¿Son los *pensamientos* en tu mente? ¿Notas que, de repente, tu mente está muy ocupada, sientes agitación y nerviosismo? ¿O te genera este alimento sensación de culpabilidad, frustración o depresión? En pocas palabras ¿cómo se comporta la mente cuando te sientas a comerlo?

10. ¿O es la *sensación física* y los efectos posteriores a comer este alimento? ¿Es el hecho de que te deje con sensación de pereza, quizá de ansiedad con mariposas en el estómago, o nervioso con manos temblorosas? ¿Hace que te sientas gordo, hinchado o fuera de forma? Sea como fuere tómate tu tiempo para poder darte cuenta de por qué no te gustan los alimentos que no te gustan. Y con esta nueva perspectiva, ¿sigues sintiendo el mismo grado de aversión y malestar emocional hacia ese alimento?

Bien ¿qué tal te ha ido? ¿Has descubierto con estos ejercicios algo nuevo en lo referente a tus hábitos de alimentación? Es muy importante recordar que una actitud plenamente consciente se caracteriza por ser abierta y analítica y por su honestidad y curiosidad. Si aplicamos esta actitud a nuestros hábitos de alimentación, no solo descubriremos cosas sobre por qué comemos del modo en que lo hacemos, sino que fundamentalmente transformaremos nuestra forma de comer y puede que, durante el proceso, cambiemos incluso los alimentos que comemos. A menudo proyectamos la «idea» de algo sobre la experiencia de comer, en lugar de experimentar simplemente el momento por lo que es. Cuando abandonamos esta tendencia, entonces —y solo entonces— empiezan los cambios. De modo que sé atrevido en la elección de los alimentos y, si es posible, emprende una relación más abierta y audaz con los alimentos.

CAPÍTULO 7

Técnica de *mindfulness* «Tómate 10 minutos» de Headspace

Introducción

Nunca insistiré lo suficiente en la importancia de este capítulo. En efecto, *todo* ensayo clínico en el que se utiliza la técnica de *mindfulness*, independientemente de que el estudio se centre en pérdida de peso, autoestima, cardiopatías, nivel de colesterol o presión arterial, supone la práctica diaria y regular de la técnica. De hecho, en muchos de los ensayos realizados es el *único* componente. A menudo se anima a los participantes a ir aumentando gradualmente el tiempo que dedican a diario a este ejercicio, para después aplicar el mismo concepto en su vida diaria. Pero el punto de partida es casi siempre un período de tiempo razonablemente corto, como el que se describe en este capítulo.

A pesar de los resultados positivos publicados en prestigiosas revistas médicas de todo el mundo, para muchas personas sigue siendo un completo misterio el mecanismo por el cual la técnica de concentración mental puede tener efectos tan profundos sobre el cuerpo del ser humano. Pero la ciencia está ahí para todo el mundo. Y cuanto más practiques este ejercicio, más evidente te resultará la conexión entre mente y cuerpo.

Como cualquier habilidad, aprender a «estar presente» requiere práctica. Es posible aprender la técnica de *mindfulness* mientras se camina por la calle, se chatea con los amigos, se come o incluso se precipita uno al vacío con un paracaídas en la espalda, pero es mucho más fácil aprender mientras estás sentado tranquilamente, apartado de las distracciones. Toda destreza requiere en la vida cierto grado de concentración, especialmente cuando estás aprendiendo, y los resultados serán siempre mejores si dedicas a esa actividad un interés incondicional. El *mindfulness* no es una excepción. Esta es la razón por la cual la técnica «Tómate 10 minutos», sencilla y fácil de aprender, ocupa todo un capítulo.

Aunque en este capítulo se habla poco de comida, no te dejes llevar por la tentación de saltártelo. No solo estarías poniendo en peligro los resultados de tu Plan de 10 días o, con suerte, de tu plan *para toda la vida* orientado a una nueva forma de comer, sino que además estarías actuando en contra de todos los estudios científicos llevados a cabo sobre *mindfulness*. Realizado con regularidad, se ha puesto de manifiesto que este tipo de ejercicio tiene profundas implicaciones para la salud física, emocional y mental del individuo. Es un ejercicio que puedes retomar a diario, representa un lugar tranquilo, un lugar en el que puedes estar seguro de que encontrarán espacio mental y perspectiva. Se trata de un ejercicio que puedes practicar allá donde vayas, que solamente reforzará el aspecto práctico de *mindfulness*. Y lo que es más importante, te ayudará a alcanzar la estabilidad en cuanto a consciencia y emociones, la estabilidad necesaria para ponerte y mantenerte en forma, definitivamente.

Una manera práctica de considerar el ejercicio «Tómate 10 minutos» consiste en contemplarlo como si fuera una lupa para la mente. Es una idea un poco escalofriante, lo sé, pero también muy útil si se trata de entender lo que está ocurriendo ahí arriba. La mayor parte de las veces estamos tan preocupados haciendo cosas, o pensando en cosas, que en realidad no tenemos ni idea de lo que está pasando en el momento presente. Es como si estuviéramos tan metidos en ello, tan ensimismados en ello, que realmente no podemos apreciarlo ni comprenderlo en su esencia. Cuando nos paramos momentáneamente para observar la mente con un poco más de perspectiva, empezamos a ver todos los pensamientos y todas las sensaciones con mucho más detalle, como se muestran en el momento presente. Para muchas personas esta experiencia es como una revolución. Dejan de sentirse agobiados por los pensamientos (sobre comida, sobre su cuerpo o sobre cualquier otra cuestión), pero además ya no se dejan llevar por sensaciones de deseo, ansiedad, culpabilidad o cualquier otra emoción conflictiva. Con «Tómate 10 minutos» tienes la oportunidad de distanciarte y apreciar el cuadro general.

Lo más interesante es que los pensamientos y las sensaciones, incluso si no tienen relación con los hábitos alimentarios, la estima ni la imagen corporal, siguen siendo importantes para comprender estos aspectos. Porque, por mucho que pueda gustarnos separar y compartimentar cada aspecto de nuestra vida, en última instancia vida solo hay una, y lo mismo ocurre con la mente. Una mente ansiosa es una mente ansiosa. Cuanto mayor sea esta sensación de ansiedad en relación con la comida, o en relación con tu imagen corporal, en mayor grado la experimentarás también y expresarás en otras áreas de tu vida —en tu relación de pareja, en tus relaciones amistosas, en tu vida laboral o en tu vida social—. Y lo mismo puede decirse a propósito de una mente agobiada, una mente nerviosa, culpable, triste o adictiva. Estas sensaciones no se experimentan nunca de manera completamente aislada. Y siempre que queramos mantener a raya estas emociones, siempre habrá tensión o conflicto en la mente. Porque incluso cuando no estén presentes, existirá un miedo subyacente a que puedan de pronto surgir. En un principio esto puede parecer un poco abstracto, pero al cabo de varias semanas practicando *mindfulness,* todo empieza a cobrar más sentido.

«Tómate 10 minutos» te permitirá contemplar tu mente en todo su esplendor. Es una oportunidad única para identificar los patrones de pensamiento que rigen tu forma de comer, para comprender las emociones que influyen en tu relación con la imagen corporal y para alcanzar, a través de esta comprensión, una sensación de alivio y satisfacción subyacente que muy pocas personas llegan jamás a conseguir. Ah, y como ya sabes, los estudios científicos sobre *mindfulness* han demostrado que, si la practicas de forma regular, será mucho más probable que experimentes considerables mejoras en las sensaciones globales de felicidad y bienestar, ¡pero espero que eso no te desanime demasiado!

Antes de comenzar con el ejercicio, me gustaría compartir contigo alguna otra información. Sacarás el máximo partido a esta técnica si piensas en ella en un contexto muy amplio. Tradicionalmente se ha enseñado siempre dividida en tres partes. Pues bien, aunque yo no sea muy aficionado a las tradiciones, siempre he encontrado que las personas obtienen muchos más resultados del ejercicio cuando siguen esta fórmula ya probada y testada. De modo que he aquí unas palabras a propósito de las tres partes del ejercicio: enfoque, práctica e integración.

Enfoque

La manera en la que enfoques la técnica y la manera en la que decidas relacionarte con los contenidos de tu mente definirán tu experiencia de *mindfulness* y el espacio mental resultante. Hazlo correctamente y el ejercicio emprenderá vuelo; hazlo mal y se convertirá en una auténtica prueba. Resulta difícil no esperar resultados perfectos la primera vez —parece que en los días que vivimos estamos programados para ello—. Pero la realidad es que este ejercicio requiere un poco de práctica, como el aprendizaje de cualquier nueva habilidad. De modo que intenta hacerte a la idea de que tu mente no va a detenerse inmediatamente solo porque tu quieras; aunque, por otra parte, este no es realmente el objetivo del ejercicio. La idea que esconde esta técnica es la de descubrir una nueva relación con tus pensamientos y emociones, una relación en la que puedas sentir mayor calma, mayor claridad y mayor felicidad —una relación que te permita empezar a llevar a cabo cambios fundamentales en la forma de comer y de considerar tu cuerpo—. De modo que olvida cualquier intención de despejar la mente o de detener tus pensamientos.

Al margen de expectativas poco realistas, el otro gran obstáculo para la mayor parte de las personas es que empiezan muy fuerte. Por alguna razón, muchos de nosotros estamos programados con la idea de que cuanto más fuerte empecemos a intentarlo, mejores serán los resultados. Pero esto es diferente. Descubrir la calma y la claridad que estamos buscando tiene que ver menos con «hacer» y más con «no hacer». De modo que consuélate sabiendo que esta es un área de tu vida en la que no tendrás que aplicar un gran esfuerzo para alcanzar los resultados deseados. De hecho, la aplicación de mucho esfuerzo puede ser contraproducente. Imagínate: solo tienes que sentarte cómodamente y contemplar tu mente, sin necesidad de hacer nada más en absoluto —¿no suena tentador?

Aunque este libro te proporciona todo cuanto necesitas saber para encontrar ese espacio mental, quizá quieras también visitar www.getsomeheaadspace.com/books/theheadspacediet *, donde encontrarás geniales animaciones que te ayudarán mucho a comprender la técnica. Además, te harán reír. Para aquellos que no dispongáis de acceso a Internet o a los que no os seduzca la idea de recurrir a las tecnologías, he aquí un apunte de lo que ofrecen cada una de estas animaciones.

Mente

¿Has probado alguna vez a tirar una piedra a una charca de aguas muy limpias y tranquilas? Si lo has hecho, te habrás dado cuenta de que, en cuanto la piedra golpea el agua, crea pequeñas ondas en la superficie. Cuantas más piedras tiras, más ondas se forman. Y, si *sigues* tirando piedras, seguramente la superficie del agua se enturbiará tanto que no solo perderás la sensación de quietud y calma, sino también la claridad, la capacidad de ver a través de ella. En muchos sentidos la mente se comporta de forma parecida, de modo que cada nuevo pensamiento es potencialmente capaz de crear esa sensación de alteración, de agitación, tanto en el cuerpo como en la mente. No tiene por qué ser así, pero normalmente es como se sienten la mayoría de las personas antes de aprender a realizar el ejercicio de «Tómate 10 minutos».

Pero en cuanto comiences a sentarte a diario y te acostumbres a distanciarte de todo, esas ondas empezarán a calmarse. Y cuando eso suceda, encontrarás un poco más de claridad. Tienes que mirar en la charca de agua para ver qué es lo que hay dentro de ella. Puede no ser

---

* Toda la información adicional que el lector considere oportuna y en distintos idiomas está en la página de la marca registrada Headspace. (*N. del E.*)

lo que desearías ver, o lo que esperabas ver, pero tienes que ser capaz de ver esas cosas con el fin de poder dejarlas a un lado y, cuando las hayas dejado a un lado, la vida te parecerá menos pesada. Esta es la dinámica de sosiego y claridad que descubrirás cuando te sientes a practicar «Tómate 10 minutos» todos los días.

Expectación

Otro aspecto en juego durante el ejercicio de «Tómate 10 minutos» es la dinámica del pensamiento y la tentación de intentarlo y de controlarlo todo. Imagina por un momento que estás sentado al borde de una carretera muy transitada. Antes de aprender «Tómate 10 minutos» o cualquier otro ejercicio basado en el *mindfulness,* quiero decirte que creo que es un poco como sentarse en ese borde de hierba con una venda en los ojos. Eres consciente de todo el ruido de fondo, del movimiento de los coches, pero realmente no puedes ver con claridad qué es lo que causa el tumulto. Pues bien, cuando te sientes en busca de un poco de espacio mental, será un poco como quitarte la venda de los ojos: de forma súbita, verás con mucha más claridad los pensamientos y las sensaciones que surcan tu mente. Tienes que entender cómo y por qué te sientes del modo en que te sientes.

La tentación puede ser la de correr a la carretera e intentar controlar el tráfico. Esto equivale a correr tras los pensamientos agradables (los coches bonitos) y tratar de detener todos los pensamientos desagradables (los camiones más grandes y sucios). Pero esa es una forma agotadora de vivir y no es una manera muy hábil de enfrentarse a la mente, de modo que «Tómate 10 minutos» requiere un enfoque ligeramente distinto. Se trata de «mantener tu sitio» al borde de la carretera y de llegar a sentirte cómodo con ese flujo autónomo de tráfico, permitiendo que vaya y venga. Y lo mejor de todo es que, cuando se hace esto, es decir, cuando se deja de intentar controlar la mente como se suele hacer, lo que en general sucede es que el volumen de tráfico en la carretera empieza a *disminuir* y el espacio entre coches empieza a *aumentar*. Y ese es el lugar de calma y claridad que tan agradable resulta.

Como puedes ver, el conseguir más espacio mental tiene que ver *menos* con el control y *más* con la perspectiva.

Esfuerzo

Como ya he mencionado, cuando se aprende un ejercicio nuevo se suele tener la tentación de aplicar mucho esfuerzo, de concentrarse firmemente, con la idea de que, cuanto mayor sea el esfuerzo que se aplica, más rápidos y quizá incluso *mejores* serán los resultados. Pero conseguir un poco de espacio mental con «Tómate 10 minutos» es algo diferente. De hecho, creo que es un poco como dormir. No sé si has tenido alguna vez esa sensación de estar tumbado en la cama y no ser capaz de dormirte, pero cuanto más lo intentas más lejos estás de conseguirlo. No se puede forzar el sueño ¿de acuerdo? Y esto es exactamente lo que ocurre cuando se quiere hacer un poco de espacio en la mente. No puedes *forzar* el espacio mental; no puedes *forzar* un estado de relajación y calma. Es algo que sucede de forma natural, gradualmente, a su propio ritmo.

Una de las mejores metáforas que he oído para este proceso es la de la doma de un caballo salvaje. Si observas la manera en la que se doma un caballo salvaje verás que, en lugar de acorralarlo en un lugar, se guía al caballo con una soga larga y se le lleva a un gran campo abierto y espacioso. El caballo galopa en círculo sintiendo como si tuviera a su disposición todo el espacio del mundo y después, muy poco a poco, se va recogiendo cuerda. El caballo se adapta a esta sensación con bastante facilidad, hasta que llega a una posición de quietud natural. Pues bien, nosotros pretendemos hacer exactamente lo mismo con la mente en «Tómate 10 minutos». No se trata de acorralar a la mente y de concentrarse en algo, como con un puntero láser.

Se trata de conceder a la mente mucho espacio y, utilizando la técnica descrita, permitir que llegue a un lugar de quietud natural.

Cielo azul

Esta metáfora concreta es posiblemente mi favorita y, si la recuerdas todos los días cuando vayas a realizar el ejercicio de «Tómate 10 minutos», será difícil que lo hagas mal. De modo que tómate un momento para pensar cómo te sientes cuando te imaginas un cielo azul totalmente despejado. Adivino que te sientes muy bien. De acuerdo, pero ¿qué ocurre si te imaginas un cielo oscuro, tormentoso y muy nublado? A la mayoría de la gente esto no les hace sentirse tan bien. Pero la cuestión es que, incluso en un día muy nublado, el cielo azul sigue estando ahí. Si tomaras un avión y sobrevolaras las nubes, el cielo estaría ahí, azul. Eso es justo lo que olvidamos; nos fijamos tanto en las nubes que olvidamos que el cielo sigue siendo azul por encima de ellas.

Esta es una buena analogía para la mente. Puede ser tan tentador sentarse ahí e *intentar* relajarte, *intentar* conseguir una sensación de calma, claridad o espacio mental. Pero *intentar* es en realidad la antítesis de la relajación, de modo que no ha de sorprender que este enfoque no suela funcionar bien. De modo que, en lugar de tratar de crear un estado de cielo azul, un estado de felicidad y calma, es más una cuestión de sentarse en una tumbona en el jardín, recostarse cómodamente en el respaldo y esperar a que pasen las nubes.

Práctica

En la práctica está el secreto, siempre y cuando sigas las instrucciones y te sientes tranquilamente para realizar la técnica sin distracciones. Después aplicarás el *mindfulness* a tu forma de comer y probablemente a otras áreas de tu vida también, pero esta es la parte en la que vas a familiarizarte con lo que significa estar en el aquí y ahora, para que luego sea mucho más fácil aplicar la atención plena en cualquier situación. La técnica aparece explicada más adelante, pero es posible que prefieras visitar *on-line* la página www.getsomeheadspace.com, donde comento los diferentes pasos. Si no te seduce la idea de sentarte delante del ordenador para realizar el ejercicio, puedes descargarte nuestra app para móvil Headspace (on-the-go), que permite escuchar las instrucciones en cualquier lugar e incluso tenerlas a mano en vacaciones. En caso de duda, «Tómate 10 minutos» está disponible *on-line* de forma totalmente gratuita o como app, aunque es posible que prefieras seguir las instrucciones que te ofrezco a continuación, que explican con detalle todo cuanto necesitas saber.

Tómate 10 minutos

Ahora que ya sabes cuál es la mejor manera de enfocar el ejercicio y que conoces las posibilidades que ofrece su integración en la vida diaria, ha llegado el momento de echar un vistazo al componente práctico, al ejercicio en sí mismo. Lo he dividido en 10 pasos fáciles de seguir. Si lo estás aprendiendo directamente del libro, es posible que necesites unos días para recordar todos los pasos, aunque si te das cuenta de que tienes que mirar un poco de reojo estas páginas para ver por dónde vas, no ocurre absolutamente nada. Pero recuerda que dispones de una versión guiada de audio completamente gratuita.

Paso 1: Ponte cómodo...

Busca un lugar tranquilo donde puedas relajarte.

Siéntate cómodamente en una silla con las manos sobre el regazo o sobre las rodillas. Procura mantener la espalda recta, pero sin forzarla. A menudo, sentarse en la parte delantera de la silla ayuda. Debes mantener el cuello relajado, con la barbilla ligeramente metida hacia dentro.

Tanto si estás utilizando tu propio temporizador como si estás siguiendo una de las técnicas dirigidas de Headspace, comprométete a practicar durante todo el tiempo que hayas programado (10 minutos para empezar), independientemente de si te resulta fácil o difícil.

Paso 2: Respira profundamente...

Desenfoca la mirada, posándola suavemente a una distancia media. Realiza cinco respiraciones profundas, audibles, tomando aire por la nariz y expulsándolo por la boca. Al inspirar, concéntrate en la expansión del tórax y en cómo los pulmones se llenan de aire. Al espirar, céntrate en la manera en la que el cuerpo expulsa el aire y suelta toda la tensión física.

Con la última espiración, cierra suavemente los ojos y deja que la respiración recupere su ritmo natural, inspirando y espirando por la nariz.

Paso 3: Comprueba...

Tómate un momento para sentirte cómodo con tu cuerpo. Observa tu postura, prestando atención a las sensaciones en los puntos en los que el cuerpo hace presión contra la silla y donde los pies tocan el suelo. También puedes prestar atención al peso de tus brazos y manos al descansar sobre tus piernas.

Toma conciencia también de los demás sentidos –presta atención a todo lo que puedas oler, oír o saborear, a cualquier sensación de calor o frío. Dedica un minuto largo a hacer esto.

Cuanto más genuino sea el interés o la curiosidad por darte cuenta de estas cosas, en mayor medida se beneficiará tu meditación de esta parte del proceso.

Paso 4: Explora tu cuerpo...

Dirige lentamente tu mente hacia tu interior y empieza a examinar todo tu cuerpo de la cabeza a los pies. Presta atención a las áreas en las que percibes incomodidad o tensión y a las áreas que notas relajadas y cómodas. Tómate tus buenos 30 segundos para realizar este análisis y crea un cuadro detallado de cómo se siente tu cuerpo. Podría incluso gustarte repetirlo varias veces.

Si puedes, evita la tentación de tratar de combatir cualquier sensación desagradable cambiando de postura, en lugar de simplemente reconocer la molestia y continuar con el análisis. No te olvides de prestar atención a las partes más pequeñas del cuerpo, como los dedos de manos y pies, e incluso las orejas.

A medida que vayas siendo consciente de las sensaciones físicas, tomarás también mayor consciencia de tu estado de ánimo subyacente —la dimensión emocional de la mente—. En la medida de lo posible, procura ser consciente de ello sin juzgar ni caer en ningún tipo de análisis. Y si no encuentras nada evidente, no te preocupes, también está bien.

Paso 5: Considera el «porqué»...

Detente unos 30 segundos a considerar por qué estás sentado meditando. Podría parecer evidente, pero sorprende lo fácil que resulta hacer algo sin tener clara la auténtica motivación. Por ejemplo, podrías darte cuenta de que estás tratando de frenar todos tus pensamientos o de deshacerte de sensaciones incómodas. Así que recuerda cuál debe ser el enfoque de la técnica y ten claro que «Tómate 10 minutos» no tiene que ver con tratar de controlar la mente.

A continuación, dedica un momento a considerar los efectos más amplios de realizar este ejercicio todos los días. Sin duda, el sentir mayor calma y menos estrés te ayudará a sentirte mejor en general, a hacer mejor las cosas, pero esto tiene además efectos colaterales que alcanzan a la gente que te rodea: desde la familia y los amigos, hasta los compañeros de trabajo, pasando, quién sabe, incluso por el conductor del autobús. Supongo que podría llamarse un efecto «onda expansiva».

Paso 6: Un último recordatorio...

Antes de empezar a centrarte en la respiración, recuerda que conseguir un poco de espacio mental tiene menos que ver con «hacer» y más con «no hacer». Pues bien, ahora voy a pedirte que observes tu respiración durante un corto período de tiempo. Realmente es el cuerpo el que se ocupa de la respiración, de modo que todo cuanto deberás hacer será observar. Tu único trabajo consistirá en distanciarte y en permitir que el cuerpo y la mente se relajen —a su manera y a su ritmo.

El hecho de detenerte a reflexionar sobre la idea del cielo azul (sugerida en el apartado dedicado al enfoque de la técnica) te ayudará a afianzar esta idea. Si puedes, antes de empezar, mira la animación de la página web, que te servirá para reforzar este punto.

Paso 7: Observa la respiración...

Presta ahora atención a la respiración. No hagas ningún esfuerzo por cambiarla, solo observa la sensación de subida y bajada que genera en el cuerpo. Presta atención al lugar donde tienen lugar estas sensaciones: el vientre, el pecho, los hombros o cualquier otra área del cuerpo implicada.

Y mientras observas este movimiento, presta también atención a las características de cada respiración: si es profunda o superficial, larga o corta, rápida o lenta, regular o irregular. Una vez más, no es necesario cambiar nada; simplemente mantente atento a la sensación.

Ahora que ya eres consciente de tu respiración, empieza a contar en silencio cada vez que tomas aire y que lo expulsas —esto te ayudará a mantener la concentración—. De modo que cuenta 1 al inspirar, 2 al espirar, 3 de nuevo al inspirar y así sucesivamente hasta llegar a 10. Después comienza de nuevo por 1.

Es totalmente normal que tus pensamientos sigan borboteando mientras realizas el ejercicio, de modo que no te preocupes si tu mente se distrae una y otra vez. Pero en cuanto te des cuenta de que estás atrapado en tus pensamientos, dirige suavemente la atención de nuevo hacia la respiración. Si recuerdas el número por el que ibas contando, continúa desde ahí; en caso contrario, empieza de nuevo desde 1.

Sigue prestando atención a la respiración hasta que suene el temporizador o, si estás escuchando el audio, yo mismo te guiaré hasta el siguiente paso.

Paso 8: Deja que tu mente vague libre...

Ahora, deja de centrarte en nada, ya no tienes ni que prestar atención a la respiración. Es posible que te sientas inundado de pensamientos y planes o que te sientas totalmente sereno y relajado. En esta fase en concreto, no importa demasiado. Deja que tu mente vague libre de este modo durante 20 ó 30 segundos.

Cualquier cosa que suceda en esta fase está bien y no hay ningún resultado o efecto en particular en el que tengas que fijarte. De modo que, con esta actitud en la mente y sin sensación alguna de esfuerzo o control, disfruta simplemente de la insólita oportunidad de dejar que tu mente sea tal y como es.

Paso 9: Prepárate para terminar...

Una vez más, intenta ser consciente de las demás sensaciones físicas: del cuerpo sobre la silla, de los pies sobre el suelo y del peso de los brazos y las manos sobre tu regazo. También puedes prestar atención a cualquier olor, sonido, sabor u otra sensación que te ayude a regresar a tu entorno más inmediato.

Cuando estés listo, abre despacio los ojos para terminar como empezaste: sentado recto en la silla, los ojos abiertos pero sin fijar la mirada. Mantén esta posición durante unos 10 segundos, apreciando el momento. Después puedes recostarte en la silla y realizar un estiramiento.

Paso 10: Siempre contigo...

Antes de levantarte, asegúrate de tener una idea clara de lo siguiente que vas a hacer. Por ejemplo, ¿vas a ir al cuarto de baño a cepillarte los dientes, a la cocina a prepararte una taza de té o a coger las llaves antes de salir de casa? Es muy fácil saltar de la silla y perder toda la calma y la calidad de espacio mental que han construido con tanto esmero. De modo que procura llevarte toda esta consciencia contigo para la siguiente actividad.

Y busca pequeños momentos a lo largo del día para recordar cómo es esa sensación de claridad y de atención centrada. Puede ser cuando te sientes ante la mesa de trabajo, cuando te tomes el café por la mañana o cuando vayas en el autobús. No es necesario que hagas todo el ejercicio completo, sino que puedes realizar solamente un par de respiraciones profundas y después prestar atención a cómo te sientes —física, mental y emocionalmente.

¿Qué tal te ha salido? No te preocupes si no te ha ido exactamente como lo describo y te has descubierto a ti mismo quedándote dormido. Acuérdate de volver a la sección sobre el enfoque de la técnica si no estás seguro de cómo abordar el ejercicio. Lo más importante es realizarlo con regularidad, a ser posible a diario. De esta manera la mente irá familiarizándose con la técnica. A pesar de que estamos hablando de una proporción de tiempo equivalente al 1 por ciento del día, es sorprendente cuántas personas encuentran difícil encontrar 10 minutos libres todos los días. De hecho, quizá te encuentres ya pensando en motivos por los que posiblemente no puedas encajar esos 10 minutos en tu agenda diaria. Por ello te doy estos 10 consejos, para asegurarnos de que vas a hacer el ejercicio absolutamente todos los días.

1. Hazlo (pero hazlo de verdad)

    Puede parecer obvio, pero este ejercicio solo funciona si de verdad lo haces. Y funcionará incluso mejor si lo haces de manera regular… e incluso mejor si sigues esta pauta «probada y testada». Cuando se trata de crear un poco de espacio mental, cualquier compromiso, por muy pequeño que sea, puede conducir a grandes cambios. Sin duda alguna, leer y hablar sobre la mente puede resultar inspirador, pero la magia llega cuando te sientas y cierras los ojos.

2. Día a día

    Como el aprendizaje de cualquier otra habilidad, este ejercicio requiere práctica. No se trata de hacer todo cuanto sea posible, sino más bien de una práctica regular y constante, que permita al cerebro renovarse a sí mismo. De modo que merece la pena recordar que se trata de una habilidad para toda la vida, de algo que seguirá desarrollándose y evolucionado mientras sigas practicando. Pero puede resultarte más llevadero si vas avanzando día a día.

3. Hazlo realidad

¿Se te ha olvidado alguna vez ducharte? Seguramente no (o algo te habrían dicho tus amigos). La razón por la que no se te olvida es que forma parte de tu rutina diaria —simplemente es lo que haces todos los días—. Lo mismo podrás decir de este ejercicio al cabo de poco tiempo… no tendrás ni que pensar en ello. De modo que encuentra un momento del día para hacerlo y, si es necesario, marca un aviso en la agenda.

4. Mismo momento, mismo lugar

Para establecer un nuevo hábito saludable es esencial la rutina. Si te sientas a crear espacio mental todos los días antes de desayunar (por ejemplo), es mucho más probable que te acuerdes de hacerlo y si, además, dispones de un mismo lugar todos los días, entonces, será una ventaja más. Evidentemente, habrá veces en las que tendrás que ser algo flexible, pero siempre que puedas piensa «mismo momento, mismo lugar».

5. Limpio y ordenado

Aunque permanezcas con los ojos cerrados la mayor parte del tiempo, es probable que una habitación desordenada, con un montón de cosas a tu alrededor, no sea el ambiente más apropiado para sentarte a crear un poco de espacio mental. No te preocupes, no tiene que ser un lugar inmaculado y, en último término, es posible hacer este ejercicio en cualquier lugar. Pero el hecho de comenzar en un espacio claro, agradable, limpio y ordenado ayuda mucho a relajar la mente antes de iniciar el ejercicio.

6. Tic-tac

Si bien la idea de utilizar un temporizador puede resultar algo chocante en un principio, es importante recordar por qué está ahí. En lugar de «insistir» en el tiempo, el temporizador realmente te permite «olvidarte» de él. De este modo te ayuda a encontrar el equilibrio en la relajación y a centrarte en su realización. Pero acuérdate de elegir una alarma suave y discreta, pues de lo contrario pondría fin de forma brusca al ejercicio. Si estás utilizando la meditación guiada, no debes preocuparte por este detalle, pues seré yo quien te avise llegado el momento.

7. La línea de meta

A veces, estarás disfrutando tanto con el ejercicio que tendrás la tentación de continuar, incluso después de sonar la alarma. Otras veces, te puede parecer que tu mente está tan ocupada que querrías desistir al cabo de apenas un par de minutos. Pero la mejor manera de entrenar la mente consiste en permanecer sentado hasta que salte el temporizador, terminando el ejercicio en ese momento, independientemente de cómo te sientas —porque de esta forma desarrollarás una práctica honesta, con una perspectiva real.

8. No te agobies

Es importante comprometerse seriamente con la práctica del ejercicio (porque es la única manera de experimentar todos sus efectos beneficiosos), pero no debe ser algo tan serio que se convierta en una carga. Después de todo, encontrar 10 minutos al día para sentarse es, en realidad, un auténtico premio. Será tu momento para desconectar y relajarte. Solo lo percibirás como una carga si piensas que hay algo que necesitas alcanzar, de modo que acuérdate de no agobiarte.

9. La motivación lo es todo

Una mente limitada equivale a una práctica limitada, de modo que, para este ejercicio, mantén la mente abierta. Cuando te sientes a realizarlo, recuerda que lo haces no solo por ti, sino también por todos aquellos que te rodean —las personas con las que interactúas a diario e incluso las personas con las que esas personas interactúan después (una suerte de efecto en cadena)—. Si te acuerdas de considerarlo así, entonces el ejercicio te resultará mucho más fácil. No solo esto, sino que tendrá mucho más significado e importancia para ti.

10. **Nada que alcanzar**

Recuerda el cielo azul. No importa lo que te lleves de este libro, recuerda la idea del cielo azul. Cuando estás sentado realizando este ejercicio, no tienes que alcanzar ni que crear ninguna «cosa», porque esa «cosa» (el cielo azul, también conocido como la felicidad subyacente) ya está ahí. De modo que no necesitas aplicar grandes dosis de esfuerzo, sino que debes distanciarte y observar cómo las nubes empiezan a separarse… para revelar exactamente lo que estabas buscando.

Integración

Es en la parte final del ejercicio donde el *mindfulness* comienza realmente a ser interesante. En efecto, es la fase en la que tienes ocasión de integrar en tu vida diaria la calma y la claridad que has desarrollado durante la sección práctica. Este aspecto reviste especial importancia, dado que el objeto de interés de esta técnica es comer de forma consciente. Recuerda que atención plena o *mindfulness* significa estar presente, en el momento. Y si puedes hacerlo sentado en una silla, ¿por qué no mientras vas a comprar, te tomas una taza de té, comes algo, tienes en brazos a tu bebé, trabajas frente al ordenador o hablas por chat con un amigo? Todas pueden ser buenas ocasiones para aplicar *mindfulness,* la atención plena, para ser conscientes.

Esto significa que, en lugar de avanzar sin rumbo durante todo el día con el piloto automático accionado, sin ser plenamente consciente en realidad de las decisiones que tomas, pasarás de un momento al siguiente son sensación de calma y claridad de mente. Significa asimismo que, en lugar de soñar durante el día con donuts o con ese nuevo régimen tan sano que estás pensando en empezar (siempre el lunes que viene), vivirás el aquí y ahora, sintiendo la vida a medida que se va desplegando a tu alrededor. Como dije en la Introducción, los investigadores han encontrado en sus estudios que la mayor parte de las personas viven atrapadas por sus pensamientos durante un 30 a un 50 por ciento del tiempo, incluso cuando están realizando alguna actividad. Han descubierto también que esa mente errante es una causa directa de infelicidad y confusión. De modo que, junto con los objetivos y las ambiciones de alcanzar tu peso ideal y de crear más espacio mental en lo referente a tu alimentación y a tu cuerpo, esta podría ser una razón más para integrar la atención plena o el *mindfulness* en tu vida.

En este libro abundan los ejemplos de cómo aplicar la atención plena a tus hábitos alimentarios, pero ¿por qué limitarse a las actividades relacionadas con la comida? Te propongo a continuación otras cinco situaciones en las que fácilmente puedes aplicar la atención plena a diario, incluso cuando la mente suele estar errante. Recuerda que cuanto más intensa sea tu práctica y más te familiarices con la atención plena en tu vida diaria, más fácil te resultará aplicarla a tu alimentación y a tu cuerpo y mayor será la probabilidad de que consigas tu peso deseado. Como siempre, se aplican las mismas reglas. No se trata de detener tus pensamientos y sentimientos, sino de que aprendas a distanciarte un poco de ellos, permitiendo su ir y venir. Y si de pronto te descubres a ti mismo perdido en tus pensamientos, no es ningún problema, simplemente lleva tu atención de vuelta a los sentidos físicos y a aquello que estés haciendo.

1. Cepillarse los dientes

Vieja manera: Eres vagamente consciente de agarrar el cepillo de dientes y de moverlo en tu boca con el piloto automático conectado, mientras caminas por la casa, tropiezas con el gato, buscas las llaves, preparas mentalmente tu primera cita del día o te preguntas quién hará el papel de James Bond después de Daniel Craig.

Nueva manera: Eres consciente de la sensación de tus pies sobre el suelo, de la temperatura y la textura que percibes en las plantas de los pies; prestas atención al aspecto, al olor, al sabor y a la textura de la pasta de dientes; eres consciente del brazo que se mueve de lado a lado y del sonido del cepillo contra los dientes; percibes todos y cada uno de los dientes y la sensación del cepillo contra las encías.

Después, no solo te sentirás tranquilo y sereno, sino que tu dentista se pondrá contento —¡puede que incluso consigas una piruleta sin azúcar!

2. Darse una ducha

Vieja manera: Percibes la intensa sensación del agua hirviendo en alternancia con el agua helada, hasta que encuentras una temperatura agradable. Desde ese momento, la mente vaga hacia la eterna cuestión de «¿Cómo *sería* ganar *Factor X*?» mientras cantas tu canción favorita bajo la alcachofa de la ducha.

Nueva manera: Eres consciente de la necesidad de ajustar la temperatura *antes* de meterte en la ducha; prestas atención a la oleada de placer que te produce el agua caliente al caer sobre ti; te das cuenta del olor del gel de ducha, del jabón o del champú; eres consciente de que la mente salta hacia delante, imaginando conversaciones que aún están por suceder; prestas atención a la cantidad de agua que estás usando; y eres consciente del sonido del agua cuando va a detenerse.

Greenpeace te lo agradecerá y tú terminarás con una mente mucho más despejada para afrontar el día que acaba de empezar.

3. De camino al trabajo

Vieja manera: Permaneces de pie como en una lata de sardinas en el vagón de metro o en el autobús, odiando a todo el que tiene asiento, sintiendo náuseas por el potente cóctel de olores de perfumes, *aftershaves,* desodorantes y lacas para el pelo, mientras intentas mantener la calma a la vez que las ruedas de un cochecito de bebé van y vienen contra tu espinilla.

Otra posibilidad es que viajes sentado y relativamente cómodo en tu coche, pero con un tráfico tan lento que temes verte en la necesidad de volver por el mismo camino.

Nueva manera: Eres consciente de tu entorno y de la tendencia a resistirte a él; te das cuenta de las emociones según suben y bajan, vienen y van; percibes las diferentes sensaciones, pero en lugar de pensar en ellas, de juzgarlas o de analizarlas, simplemente las reconoces; eres consciente de que desearías estar en cualquier otro lugar, o que ese momento hubiera pasado ya; y eres consciente de que querrías gritar bien alto o sacar los pies por debajo del coche.

Seguramente las personas de tu alrededor apreciarán que no saltes enfurecido cuando viajas al volante, en el metro o en el autobús, y además, nunca se sabe, podrías encontrarte a ti mismo volviendo del trabajo con una sonrisa en los labios.

4. Lavar los platos

Vieja manera: Eres vagamente consciente de la necesidad de evitar el cuchillo afilado, escondido bajo los platos en el agua, mientras miras por la ventana y te preguntas por qué la señora del abrigo verde y los zapatos marrones del número 48 no saldrá con el señor de la mandíbula cuadrada y el coche bonito del número 32. Quiero decir, los dos son solteros y dan la impresión de que estarían perfectamente juntos.

Nueva manera: Prestas atención a ese primer momento en el que las manos entran en contacto con el agua; te das cuenta de la temperatura cálida del agua y de la transferencia del calor al cuerpo; eres consciente de que vas agarrando un objeto cada vez y de que tardas apenas uno o dos segundos más en limpiarlo; eres consciente de los pensamientos que te pasan por la cabeza y de que los dejas ir; eres consciente de ver a través de la ventana a la gente ir y venir, sin implicarte en ninguna trama; te das cuenta del deseo de querer acabar y hacer otra cosa; y, cuando terminas, eres consciente de que te sientes satisfecha.

De acuerdo, resulta que tienes lavavajillas, pero imagínate la situación. Y si alguna vez se te estropea el lavavajillas, sabrás que es posible obtener un poco de espacio mental también mientras friegas los platos.

5. En la cola

Vieja manera: Mientras esperas ahí de pie, haciendo ruido con el zapato, los brazos cruzados y la mandíbula apretada, te preguntas por qué todo el mundo ha elegido exactamente el mismo momento que tú para venir al banco. Mientras revisas en tu móvil conversaciones y correos antiguos, buscando desesperadamente algo que hacer para escapar de la impaciencia, consideras la posibilidad de asaltar un día esa oficina (hipotéticamente, por supuesto) y buscas con ademán despistado dónde se encuentran las distintas cámaras de seguridad, para que tu imagen quede a salvo de alguna otra base de datos satélite.

Nueva manera: Eres consciente de la sensación de urgencia con la que entras en el banco; te das cuenta de tu reacción cuando ves por primera vez la cola; eres consciente de tu postura mientras esperas de pie; percibes tu respiración cuando te concentras en las sensaciones físicas de tu cuerpo; eres consciente de tu reacción cada vez que la cola avanza; eres consciente de la tendencia a mirar el reloj, comprobar el teléfono o buscar alguna forma de distracción; y eres consciente de tu interacción con otro ser humano cuando finalmente te atienden.

Puedes contemplar la cola como un irritante inconveniente o como una oportunidad para tomarte un descanso. De cualquier forma, sabes que en realidad no vas a robar el banco, de modo que ¿por qué sigues mirando a tu alrededor?

CAPÍTULO 8

Comer de forma consciente (Modelo Headspace)

AHORA que ya sabes en qué consiste «Tómate 10 minutos», el hilo conductor de la Dieta *Mindfulness,* ha llegado el momento de abordar la práctica en sí de la alimentación consciente. Como ya he dicho, en lo esencial, esta técnica lleva practicándose varios miles de años. Yo he realizado algunas modificaciones para adaptarla al día a día del mundo moderno, pero respetando sus fundamentos tal y como han sido siempre. Nunca podré insistir lo suficiente en la importancia que tiene, en términos de sensación de seguridad y confianza, una técnica que ha sido probada y testada, desarrollada y perfeccionada, utilizada por muchísima gente —con éxito— en todo tipo de culturas, con distintos tipos de alimentación y durante tanto tiempo.

Una de las principales adaptaciones que he realizado es la de añadir secciones sobre listas de la compra, la compra en sí misma, la preparación de los alimentos y la cocina, aparte del consumo en sí mismo de los alimentos. Es razonable suponer que, cuando se ideó por primera vez la técnica de comer de forma consciente, no debía existir la misma diversidad de opciones alimentarias con la que contamos en nuestros días. Buscar comida en el bosque no es lo mismo que mirar en la sección de congelados del supermercado. En realidad, si echamos la vista atrás, probablemente fuera difícil equivocarse mucho a la hora de elegir alimentos sanos.

Para entender realmente en qué consiste comer de forma consciente en un contexto más amplio, es importante incorporar un enfoque de *mindfulness* a los siguientes aspectos de tu vida: elección de los alimentos, compra, preparación, cocción y consumo. En este capítulo se explica el proceso mental que acompaña a cada uno de estos aspectos, antes de presentar un ejercicio específico para cada uno de ellos. Y aunque el último de los aspectos, el consumo, puede parecer el más importante para alcanzar tus objetivos, las otras cuatro áreas influyen sin duda en lo que terminas llevándote a la boca. Si tienes la tentación de saltar directamente a la técnica, conviene que recuerdes que la preparación lo es todo. Al igual que ocurre con el ejercicio «Tómate 10 minutos», la manera de enfocar la técnica determinará el resultado. De modo que, si realmente te planteas con seriedad un cambio, definitivamente merece la pena que te tomes unos minutos más para comprender cuál es la filosofía de comer de forma consciente y para sacar el máximo partido a las distintas partes de la técnica.

Elección consciente de los alimentos

¿Eres de ese tipo de personas que solo comes lo que hay en ese momento en la despensa o en el frigorífico? Si hay chocolate en casa o un paquete de galletas abierto, ¿es probable que lo acabes? Si tu personalidad comiendo es de «picoteador», «tragón», «comilón compulsivo», «zombi» o «comilón emocional», la respuesta será casi inevitablemente «sí». De hecho, incluso si perteneces a otro grupo de «comedor», existe una probabilidad bastante elevada de que cedas a la tentación. Si es tu caso, considera por un momento qué harías si no tuvieras esos alimentos inmediatamente a mano. No es precisamente una ciencia exacta, lo sé, pero resulta asombroso con cuánta frecuencia olvidamos un hecho tan sencillo. Si llenamos la despensa con alimentos elaborados, refinados y poco saludables, eso es exactamente lo que terminaremos comiendo. Ciertamente, si no tienes esos alimentos a tu disposición podrías, aun así, sentir el deseo urgente de tomar un tentempié poco saludable, pero ello requeriría un esfuerzo mucho mayor (y valor), como sería salir con tu ropa de estar en casa a las once de la noche a comprar algo. Ni que decir tiene que, para la mayor parte de la gente, esa será probablemente la diferencia entre comer y no comer.

¿Te has parado alguna vez a pensar por qué compras los alimentos que compras? ¿Es posible que lo hagas simplemente porque siempre lo has hecho? No hace mucho tiempo una conocida compañía de alimentación realizó un estudio sobre los diferentes tipos de sándwiches a la venta. Al mismo tiempo que nuevas variedades de sándwiches comercializados en el Reino Unido estaban dando buenos resultados de ventas, los viejos básicos de gambas con mayonesa, jamón y queso, pollo y lechuga y otros seguían vendiéndose más que ninguna variedad nueva. Observaron que muchas personas, todos los días, echaban un vistazo a los diferentes tipos a la venta, pero acababan eligiendo el mismo que elegían siempre. ¿Te resulta familiar?

Cuando se trata de comida (y de la mayor parte de las cosas en la vida), realmente somos animales de costumbres. Vamos a lo que conocemos, a lo que estamos acostumbrados. Hace mucho tiempo esto tenía sentido y garantizaba que consumiéramos alimentos que eran seguros, alimentos que no nos harían daño alguno. Pero los tiempos han cambiado. Ahora existe tal variedad de alimentos disponible que no es necesario que nos limitemos a las opciones de alimentos de nuestra juventud, a menudo ricos en calorías. Por muy placentero que pueda resultarte desayunar huevos con beicon todas las mañanas o tomarte todas las noches una porción de pastel de chocolate con dátiles, estas comidas no te ayudarán a conseguir tu peso ideal. Pero tú ya lo sabes.

Párate un momento a pensar por qué compraste los alimentos que compraste la última vez que fuiste a la compra. ¿Fue por costumbre, solías comer eso de niño o lo comprabas cuando eras estudiante y lo has seguido comprando desde entonces? ¿Fue por su apariencia, por la manera en la que estaban envasados y expuestos para su venta? ¿Fue porque resultaban rápidos y fáciles de preparar, un precocinado de microondas o una ensalada lista para su consumo? ¿Fue porque te sentías deprimido y pensaste que merecías un obsequio para recuperar el ánimo? ¿O fue porque habías oído que ese alimento en concreto era sano, que podría ayudarte a perder peso? Quizá fue un anuncio que habías visto —convenientemente colocado entre tus programas de televisión favoritos— lo que te llevó a comprarlo. O quizá fue porque tu amigo siempre lo está comiendo —y está en una excelente forma física, de modo que por qué no va a funcionarte a ti también—. Ciertamente, cabe la *posibilidad* de que lo hayas comprado solo porque te apetece, aunque, por extraño que parezca, esta no suele ser la única razón que nos lleva a elegir los alimentos que elegimos.

Es posible que te parezca que esta técnica, por sí sola, te ayuda a evitar algunos de los alimentos que no son especialmente adecuados para llegar a encontrarte a gusto y cómodo con tu cuerpo y con tu dieta. Puede que, cuando mires el alimento y pienses ¿por qué he comprado yo esto?, sea como despertarte de un sueño. Pero igual de importante es reconocer religiosamente cuáles son esos alimentos que asocias con estar sano, y que aun así te desagradan sobremanera. Taparte la nariz para pasar el alimento por la garganta o almacenar suficientes semillas y frutos secos como para alimentar a todas las aves migratorias que sobrevuelen tu casa no es manera de vivir, además de ser totalmente innecesario si sigues la Dieta *Mindfulness*.

Para realizar una lista de la compra de manera consciente debes partir de una buena posición mental cuando la escribas, tener sensación de calma por un lado y claridad por el otro. Lo primero que debes hacer es preguntarte a ti mismo: «¿Qué necesita mi cuerpo para funcionar a su mejor nivel?». ¿Y por qué conformarte con menos? ¿Por qué no habrías de querer sentir lo mejor de ti mismo, tener el mejor aspecto, sentirte a gusto con él y tener paz mental en relación con lo que estás metiendo en tu cuerpo? Ciertamente, cualquier otra cosa sería una locura, ¿no es así? Pues bien, este es nuestro punto de partida para confeccionar la lista.

Si te faltan ideas de alimentos para incluir en la lista, puede venirte bien consultar el capítulo 10, Guía práctica de nutrición de la *Dieta Mindfulness*. Redactada con la ayuda y el asesoramiento de nuestro fisiólogo deportivo y nuestro experto en dietética, te proporcionará mucha información de gran utilidad para poder empezar.

Lo siguiente que has de considerar es si los alimentos que eliges se corresponden con los otros cuatro aspectos de la forma consciente de comer que te propongo. ¿Tus opciones alimentarias suponen que tendrás que pasar la mitad de la semana recorriendo tiendas en busca de productos difíciles de encontrar? Está bien si eres un «gourmet» o un «eco-friki», pues probablemente ya estarás acostumbrado a hacerlo, pero sé realista en lo referente a la cantidad de tiempo que estás dispuesto a invertir para encontrar los alimentos que deseas. Por otro lado, párate un momento también a considerar cuál es la probabilidad de que tengas tiempo para preparar esos alimentos y de que estés dispuesto a hacerlo. Esto puede no ser un problema para el «oso» o para el «calculador de calorías», pero si comes como un «tragón», entonces la transición de la comida rápida o de precocinados de microondas a verduras guisadas requerirá un poco de adaptación. De igual modo, está muy bien comprar latas de guisantes, pero si no van más que a coger polvo en el estante porque no estás seguro de cómo cocinarlos y no tienes intención de aprender, entonces no tiene mucho sentido comprarlos.

Así pues, asegúrate de que los alimentos que decides incluir en tu lista de la compra son alimentos que te gustan y cómpralos en cantidades adecuadas. Parece evidente, pero ten en cuenta que mucha comida se desperdicia, bien porque compramos alimentos que pensamos que «deberíamos» comer y después no los comemos, bien porque sobreestimamos la cantidad que necesitamos y después tenemos que tirar comida a la basura. Pero existe otro aspecto importante. Con objeto de tener una buena relación con la comida, tenemos que disfrutar de su compañía. Si nos resistimos con demasiada fuerza a las cosas que nos gustan, simplemente crearemos una sensación de resentimiento al no permitirnos disfrutar de ellas. Se trata de encontrar el equilibrio entre lo que sabemos que es bueno para nosotros y lo que en realidad nos gusta. A menudo es cuestión simplemente de probar nuevos alimentos y de ampliar nuestra dieta, de modo que alimentos antiguos e insanos puedan ser sustituidos por opciones más saludables y nuevas para ti.

Elección consciente de los alimentos: ejercicio Headspace

La próxima vez que tengas un poco de tiempo libre en casa, desocupa un estante de alimentos, uno por uno, o como alternativa reserva unas baldas en el frigorífico. Asegúrate de que has dejado suficiente espacio libre para separar los alimentos en distintos grupos. Puede que te resulte más cómodo sentarte para realizar esta tarea, aunque también la puedes realizar de pie. Como en la mayoría de los ejercicios de este libro, sacarás el máximo partido a la tarea si apagas el móvil y procuras reducir cualquier otra posibilidad de distracción o fuente de ruidos.

1. Para empezar, cierra suavemente los ojos y realiza unas cuantas respiraciones profundas. Deja a un lado cualquier cosa que estuvieras haciendo, sabiendo que puedes volver a ello cuando hayas acabado el ejercicio. Procura concentrarte en cómo se llenan los pulmones de aire al inspirar por la nariz y en cómo la mente se serena y el cuerpo se relaja a medida que expulsas el aire por la boca. Cuando hayas repetido las respiraciones 4 ó 5 veces, podrás abrir suavemente los ojos de nuevo y dejar que tu respiración recupere su ritmo natural.

2. A continuación, agarra un producto y piensa en cómo hace que te sientas. ¿Te sientes contento, nervioso, inquieto, aburrido, deprimido, furioso, culpable o percibes cualquier otra emoción intensa en particular? No trates de cambiar la emoción, simplemente reconócela.

3. Date cuenta de si tienes una fuerte sensación de deseo o resistencia hacia el alimento o si no te produce ni una sensación ni la otra. Si es posible, trata de no precipitar este proceso, tómate tus buenos 10 segundos o así antes de decidir exactamente cómo te sientes.

4. Si el alimento despierta en ti una sensación agradable, tómate un momento o dos para sentarte con esa sensación, antes de seguir

con el siguiente paso. Presta atención a cómo perciben esta sensación tanto tu cuerpo como tu mente. ¿Es una sensación física, un recuerdo, una idea o una combinación de todo ello?

5. Si lo que surge es una sensación desagradable o difícil, tómate un poco más de tiempo. No trates de huir de la sensación ni de distraerte de algún modo, simplemente permite que exista, dándole el espacio que necesita para respirar.

6. Independientemente de cómo te sientas, intenta ser consciente de tu reacción frente a esa sensación. Curiosamente, a menudo es la *reacción* a una sensación lo que causa tensión y confusión mentales, más que la propia sensación inicial. Por ejemplo, odiar las sensaciones de deseo y querer mantenerse al margen de ellas aumenta a menudo su frecuencia e incluso puede reforzarlas. No es necesario analizar nada: simplemente darse cuenta y reconocer.

7. A continuación tómate un momento para considerar por qué compraste el alimento en primera instancia. No basta con decir «porque siempre lo hago» o «porque lo necesitamos», pues para todo es posible encontrar opciones. De modo que, en aras de alcanzar tu peso ideal, ten claro en tu mente cuál era tu motivación original. Quizá la siguiente lista te ayude a identificar esa razón. Puedes incluso preparar unos cuantos *post-it* y pegarlos sobre la mesa para crear 10 montones distintos de alimentos.

- Precio (razones económicas).
- Sabor (placer sensorial).
- Espontaneidad (desencadenantes emocionales).
- Hábito (compra repetitiva).
- Seguridad (alimentos conocidos).
- Salud (bienestar interior).
- Dieta (bienestar estético).
- Comodidad (preparación rápida).
- Aspecto (envasado atractivo).
- Clase (prestigio social).

8. Cuando hayas terminado el ejercicio para el estante de la despensa y la repisa del frigorífico previamente despejados, dedica un momento a considerar qué cambios te gustaría realizar. Recuerda, la motivación lo es todo. Si tu intención es dar a tu cuerpo lo que necesita para funcionar en su nivel óptimo y encontrar su peso natural más cómodo, entonces es esencial darle alimentos que permitan que este proceso tenga lugar.

9. Decídete a cambiar cualquier hábito de compra que encuentres de poca ayuda, incómodo o destructivo, y compra solo alimentos que te ayuden a reforzar una sensación de *descanso* en la mente y de *comodidad* en el cuerpo. *Solo cuando la inteligencia natural del cuerpo y de la mente coincidan encontrarás tu peso, talla y figura ideales.*

10. Por último, realiza tu nueva lista de la compra, con plena consciencia de lo que acabas de descubrir sobre ti mismo y sobre tus hábitos de compra, con plena consciencia de las elecciones que realizaste en el pasado y de las razones que te llevaron a ellas y con plena consciencia de cómo pretendes comprar a partir de ahora.

Compra consciente de los alimentos

Si tienes un poco de tiempo libre, merece la pena que vayas a un supermercado simplemente para darte cuenta de la cuidadosa disposición de los productos (procurando no mirar como un ladrón durante el proceso). Lo primero que observarás será probablemente que todo está pensado para llamar tu atención. Las empresas destinan presupuestos muy elevados a crear el envase perfecto y a encontrar los colores, texturas y materiales adecuados para presentar estos alimentos del modo más atractivo. Asimismo, la ubicación del alimento y la colocación del producto constituyen toda una ciencia, cuyo único objetivo es conseguir que compremos los productos que ellos quieren vendernos, independientemente de nuestros propósitos y buenas intenciones de una dieta sana y de una relación plenamente consciente con la comida.

Por ejemplo, ¿sabías que los supermercados colocan los artículos que más les interesa vender concretamente 20-30 grados por debajo de la altura de los ojos, que es el área del campo visual en la que la mayoría de las personas descansan de forma natural la mirada mientras compran? ¿Te has dado cuenta alguna vez de que la mayoría de los artículos que realmente *necesitas* se encuentran siempre en el rincón más apartado de la tienda, lo cual supone que tienes que pasar por delante de un montón de tentadores alimentos para llegar a él? ¿Y qué me dices del alimento situado en la cabecera del pasillo, convenientemente colocado para atraer toda la atención en un lugar donde, en principio, la probabilidad de que elijas el producto y lo metas en tu carro es un 30 por ciento más alta? Por no hablar de las ofertas especiales. Soy consciente de que la mayoría de la gente ha caído ya en tantas ofertas de tres por dos que tienen en la despensa latas suficientes para sobrevivir a un ataque nuclear.

Pero el asunto no termina con lo que simplemente vemos con los ojos. Es de sobras sabido que, a menudo, los supermercados desvían el flujo de aire desde su sección de panadería hacia la puerta de entrada del establecimiento, de modo que lo primero que huela el cliente cuando entre en la tienda sea el olor a bizcocho y a pan recién sacado del horno. Si hay un olor que pone en marcha las glándulas salivales, estimula la secreción de nuestros fluidos digestivos y hace que llenemos nuestra cesta o nuestro carrito con compras improvisadas que no teníamos intención de realizar, ese olor es precisamente el de la panadería. Y luego están, por supuesto, los pequeños puestos de degustación estratégicamente situados por la tienda. De modo que, en caso de que no hayamos *visto* un producto o no lo hayamos *olido,* siempre podemos *saborearlo* y realizar otra compra más sobre la marcha. No te confundas, yo soy un gran fan de la espontaneidad; sin embargo, en este contexto en particular, y en aras de alcanzar tu figura y peso ideales, puede resultarte más sencillo ir a la compra con una idea muy clara de lo que pretendes adquirir.

Cuando acudimos a esta clase de establecimientos con la mente muy ocupada o cuando no tenemos claro qué es lo que vamos a comprar, o peor aún, cuando nos sentimos hambrientos, solemos realizar malas elecciones. Luego, cuando llegamos a casa y nos damos cuenta de que hemos elegido mal, generalmente ya estamos resignados al hecho de que no nos queda más remedio que comérnoslo todo, dejando para el lunes siguiente esa incómoda dieta. ¿Cuántas veces has entrado sin pensar en una tienda, has visto en las estanterías algo que no tenías intención de comprar y después, sin pensar nada más, lo has cogido y lo has echado a la cesta? Este es sin duda territorio del consumidor «zombi» y resulta asombroso con cuánta frecuencia sucede. Y todo porque, en ese preciso momento, no somos plenamente conscientes de lo que estamos haciendo, estamos distraídos, inmersos en pensamientos, o nos dejamos llevar por las sensaciones. No está mal, pero tampoco resulta de especial ayuda. La atención plena o *mindfulness* te enseña a superar estos momentos.

Muchas personas que he conocido dicen que no pueden evitarlo, que las cosas suceden tan rápidamente que la decisión está tomada antes de ser conscientes de nada. Pero si todos hiciéramos cada pequeña cosa que nos pasa por la mente sin pensar en las consecuencias, el mundo sería un completo desastre (incluso más de lo que ya es). Sin embargo, ese mecanismo que buscamos ya lo tenemos. Porque la verdad es que todos nosotros tenemos un filtro que nos frena ante la posibilidad de hacer cosas dañinas, perjudiciales, peligrosas o socialmente inaceptables. Solo depende de la dirección en la que apuntemos con ese filtro y del grado de filtración que utilicemos.

Piensa en ello, ¿te ha ocurrido alguna vez que has visto a alguien por la calle que te haya atraído tanto que has querido solo caminar hacia esa persona y darle un beso? ¿Pero lo has hecho? Adivino que seguramente no. Del mismo modo, ¿te has topado alguna vez con un peligroso conductor que ha hecho un giro brusco delante de ti (o hacia ti) de forma inesperada? ¿Tu primer pensamiento ha sido devolverle el susto de alguna manera o hacerle conocer tu indignación? ¿Pero le has perseguido y embestido? Una vez más, supongo que no. Estos pensamientos y estas emociones instintivas son completamente normales y no hay por qué sentirse incómodo si se experimentan. Sin embargo, conviene darse cuenta de que en tales situaciones no solemos seguir adelante con el pensamiento o la sensación simplemente porque aparece en nuestra mente. Por alguna razón, ya sea porque pensamos que es demasiado peligroso, insensato, feo o inmoral, tomamos la decisión consciente de no seguir adelante. Pero cuando se trata de hacer la compra, resulta mucho más difícil ver las consecuencias y, en cambio, mucho más fácil ceder al pensamiento. Sin embargo, cabe preguntarse qué ocurriría si empezáramos a aplicar a nuestros hábitos de compra de alimentos la misma claridad y la ligera contención que utilizamos en otras áreas de nuestra vida.

Por otro lado, comprar de forma consciente no se refiere simplemente a los alimentos que *compramos*. De hecho, es un campo que puede ser tan amplio como tú decidas, existiendo un alto grado de solapamiento con la elección consciente de alimentos. Para algunas personas comprar de forma consciente tiene implicaciones éticas, pues les lleva a plantearse cuestiones como cuál es la fuente del alimento, si procede de una forma de producción sostenible, si la producción contempla la retribución justa y apropiada de las personas que intervienen en ella o cuál es el impacto medioambiental del transporte de ese alimento hasta los comercios. Comprar de forma consciente puede tener en cuenta creencias profundamente arraigadas y basadas en una fe en particular o en una opción de vida, o quizá los pros y los contras de una dieta vegetariana. Puede asimismo plantear interrogantes sobre el uso de agentes químicos y pesticidas o sobre los alimentos modificados genéticamente. A otros les lleva a plantearse cuestiones relacionadas con la modificación del paisaje urbano y el monopolio creciente de los supermercados, o con el deseo de apoyar a su localidad comprando productos del lugar y de temporada.

Todas estas cuestiones son importantes y tú tendrás tu propia postura en relación con cada una de ellas, especialmente si te inclinas hacia la modalidad de alimentación del «eco-friki». Algunos de estos temas pueden parecerte importantes, mientras que otros te resultarán difíciles de entender. Sea cual sea tu postura, está bien y en modo alguno te aleja de los beneficiosos efectos de comer de forma consciente. Sin embargo, es posible que observes que, cuando comiences a comprar de forma consciente, con el tiempo, algunas de las cuestiones expuestas irán cobrando importancia para ti y llegarán incluso a influir en tus opciones de alimentación. En efecto, comer de forma consciente ayuda a conseguir la figura y el peso ideales, pero, al mismo tiempo, favorece un fuerte sentido de la responsabilidad. No es lo que se persigue, y en ningún apartado del libro me centro en ello en modo alguno. Simplemente es algo que sucede como consecuencia natural de ser más consciente de vivir el aquí y ahora. Esto, a su vez, hace posible un mayor conocimiento del grado de interdependencia existente entre todos nosotros y puede ayudarnos a contemplar con mayor claridad nuestro lugar en el mundo.

En este capítulo (y realmente en todo el libro) me he referido casi exclusivamente a los supermercados porque estos establecimientos controlan el 80 por ciento del mercado de alimentación en el Reino Unido. Ni qué decir tiene que existen numerosas y magníficas tiendas más pequeñas que te animo activamente a frecuentar y apoyar siempre que puedas. Por supuesto, soy consciente de las limitaciones de tiempo, de las presiones económicas, de las restricciones de aparcamiento y de cientos de impedimentos más que nos llevan a menudo a no visitar estos pequeños negocios; pero hay también un montón de razones para *empezar* a comprar en ellos. De hecho, es posible que encuentres que algunas de las cuestiones arriba comentadas acaban cobrando importancia también para ti y que muchas de esas tiendas pequeñas que ofrecen artículos procedentes de un comercio justo y envasados de un modo respetuoso con el medio ambiente (o incluso sin envasar) acaban satisfaciendo tu recién descubierto deseo de compra responsable.

Compra consciente de los alimentos: ejercicio Headspace 1

El primer ejercicio debes reservarlo para cuando tengas un poco de tiempo libre y sientas auténtica curiosidad por conocer la razón por la que sigues comprando los alimentos que compras, incluso aquellos que ya no deseas comprar. Mejor si no tienes prisa y si realizas el ejercicio con otra persona, pues de esta manera lo encontrarás más interesante y posiblemente más divertido. Decidas lo que decidas, mentalízate de que no estás en la tienda para comprar y date cuenta de cómo tu mente puede tratar de convencerte de lo contrario mientras estás allí. Además, asegúrate de haber comido antes, pues cualquier sensación de hambre influiría sin duda en tus pensamientos.

1. Para empezar, entra en la tienda y date cuenta de la primera cosa de la que eres consciente. ¿Es la vista la que se han sentido atraída por algo en primer lugar, o quizá ha sido el olfato? Si la tienda está muy llena, puede haber sido el oído. Dedica un momento a identificar cuál de tus sentidos es el más activo en ese momento concreto.

2. Sin obstaculizar el paso a nadie, quédate a un lado y tómate un momento para darte cuenta de si has elaborado una asociación positiva o negativa con la entrada en la tienda y con esos primeros momentos conscientes. ¿Te sientes cómodo o incómodo?

3. A continuación, trata de identificar *exactamente* cómo te sientes, tanto física como mentalmente. ¿Te sientes nervioso, inquieto, feliz o te sientes aburrido, vago y perezoso? ¿Te sientes de algún modo agobiado? No tienes que hacer nada en relación con la sensación que percibas: por ahora, simplemente date cuenta de ella y reconócela.

4. Cuando comiences a caminar por la tienda, echa un vistazo a la colocación de los alimentos. ¿Cuáles están situados arriba, cuáles abajo y cuáles han sido ubicados justo a la altura de los ojos, haciendo que sea casi imposible no fijarse en ellos? Las compañías de alimentación pagan a los supermercados mucho dinero para que expongan sus productos en el lugar adecuado, pero ¿cuántos artículos de los que se encuentran a la altura de los ojos considerarías saludables?

5. Ahora busca uno de tus tentempiés favoritos, preferiblemente algo que consideres un «placer culpable». ¿Cómo hace que te

sientas cuando lo ves en el estante? ¿Te reconoces a ti mismo sintiendo una oleada de deseo? Dado que ya has decidido que no vas a comprar nada en esta visita a la tienda, se trata realmente de una oportunidad única para distanciarte y contemplar el alimento de un modo totalmente distinto y más objetivo. ¿Cómo se siente el cuerpo en este momento?

6. ¿Qué es lo que hace que el alimento te resulte tan irresistible? ¿Es el envase? ¿Es la sensación que te produce? ¿Es la idea del mismo? ¿Es la asociación emocional que tiene para ti? Debes tener claro en tu mente qué es exactamente lo que te conduce a comprar de forma repetida algo que, directa o indirectamente, está desbaratando tus intentos de sentirte tan bien como podrías sentirte. No se trata de etiquetar los alimentos como buenos o malos, sino más bien de observar el mecanismo mental.

7. Mientras caminas por la tienda ¿te descubres a ti mismo siguiendo un recorrido en particular, quizá el mismo recorrido que haces siempre? Aprovecha esta ocasión para pasear por los pasillos que sueles ignorar. ¿Qué hay en ellos? ¿Hay alimentos que podrías incluir en tu nueva forma de comer? Conviene recordar que si hacemos siempre lo que siempre hemos hecho, tendremos siempre lo que siempre hemos tenido.

8. Presta atención a la manera en que tu recorrido por la tienda se halla influido no solo por lo que ves, sino también por otros sentidos. Comienza por las sensaciones físicas del cuerpo. Por ejemplo, ¿te descubres a ti mismo alejándote a toda prisa de la sección de refrigerados de la tienda, de los productos frescos, en tu búsqueda de algo un poco más cálido? ¿O de repente notas una sensación de nerviosismo y lo único que querrías sería salir de la tienda?

9. Sé consciente de la manera en la que tu sentido del olfato influye también en tu recorrido. Por ejemplo, ¿te encuentras de repente e inexplicablemente en la sección de panadería o pastelería de la tienda? ¿O quizá en la sección de frutería? ¿Qué es lo que te ha llevado hasta ahí? ¿Ha sido solo el olor de los alimentos? ¿O han sido las *asociaciones* de los olores? Muy a menudo elegimos cosas

basándonos en la idea de cómo *puede* ser algo, o de cómo *será*, en lugar de basarnos en cómo es *realmente*.

10. Antes de salir de la tienda, recuerda que, cuando vayas a la compra, puedes comprar cualquier cosa que quieras (si el dinero te lo permite), que eres libres de realizar tus propias elecciones. Cuanto más restrictiva sea nuestra dieta, más conflictivas serán nuestras emociones. De igual modo, cuanto más reprimamos las sensaciones de deseo, en mayor medida volverán de nuevo. Solo *tú* sabes cuáles son los alimentos que proporcionan alivio y bienestar a tu cuerpo y calma y claridad a tu mente.

Compra consciente de los alimentos: ejercicio Headspace 2

Este ejercicio es para la próxima vez que vayas a hacer la compra. Aunque lo he escrito pensando específicamente en un supermercado (solo porque es así como compra la mayor parte de la gente), puede adaptarse con facilidad a tiendas más pequeñas. Es un poco más concreto que el ejercicio anterior y te permitirá entrar y salir de la tienda sin vacilar demasiado y habiendo elegido lo más apropiado para ti. Presupone, por otro lado, que has realizado ya el ejercicio de elección consciente de alimentos de Headspace y que tienes a mano tu nueva lista de la compra.

1. Comienza por elegir un punto neutro en el que centrar la atención. Puede ser la sensación de los pies sobre el suelo, la sensación de las palmas de las manos sobre el carro o el peso de la cesta en tus manos. La sensación que elijas será el *ancla de tu consciencia* durante toda la experiencia de compra. De modo que será el lugar al que dirigirás tu atención cuando sientas que tus pensamientos se dispersan o que las emociones se disparan.

2. Recuerda que esta guía de cómo hacer la compra no pretende que te controles ni que restrinjas lo que comes. Tienes libertad

para comer lo que desees. Si puedes aplicar esta actitud abierta a tu compra de alimentos, en tu mente habrá mucha menos tensión. Ten claro también cuáles son los alimentos de tu lista de la compra y las opciones positivas por las que te has decantado de antemano.

3. Pasa de un artículo al siguiente y, cada vez que lo hagas, lleva tu atención hacia el punto de atención elegido después de colocar el producto en el carro o en la cesta. Deberás hacerlo con fluidez, como jugando. Es normal sentir como si existieran demasiadas cosas compitiendo por tu atención (y probablemente las haya), razón por la cual es importante contar con un «lugar seguro» al que poder volver.

4. Cada vez que escojas una cosa, recuerda el ejercicio de elección de alimentos y la razón por la que has decidido comprar ese alimento. Si puedes, evita dejarte atrapar por montones de análisis y pensamientos y, en lugar de ello, haz una anotación, una etiqueta imaginaria si lo prefieres, en la que figure la razón principal por la que decidiste comprar ese alimento. Esto es muy importante en términos de reafirmación de las opciones positivas que hayas realizado.

5. Habrá momentos en los que te des cuenta de que tu mente se dispersa. No te preocupes demasiado, pero tan pronto como te des cuenta de que te estás distrayendo, reconduce poco a poco tu atención hacia la sensación física elegida al comenzar el ejercicio. Esto es aplicable a los pensamientos de felicidad, tristeza, ansiedad, a los pensamientos sobre la comida, el cuerpo, el trabajo, la casa, la familia, los amigos o cualquier otra cosa. De manera que cada vez que te ocurra, reconduce de este modo tu atención.

6. La clave de este ejercicio reside en mantener el grado correcto de esfuerzo, naturalidad y comodidad. Por regla general, cuando tratamos de realizar algo que consideramos una «tarea» o un «ejercicio» importante, tendemos a ser demasiado duros. Esto hace que la mente se muestra tensa, rígida, limitada e inflexible.

De modo que recuerda que este ejercicio tiene más que ver con revelar tu yo natural que con tratar de cambiar o reprogramar tu mente a la fuerza.

7. Según prosigas con la compra, es posible que te resulte de ayuda el prestar atención a la manera de sentir tus respiraciones. La respiración está íntimamente conectada con la mente, de modo que puede ser un práctico barómetro de cómo está trabajando tu cabeza. Por ejemplo, es posible que te des cuenta de que, al pasar por el pasillo de los chocolates, las respiraciones se acortan o de que, cuando estás en la sección de verduras, se alargan. Detente si es necesario, tomándote tu tiempo para ser consciente de lo que sientes.

8. Mientras esperas en la cola para pagar, probablemente estarás parado frente al típico expositor de golosinas y chocolate. Pues bien, puedes contemplarlo como un difícil reto, como el obstáculo final, o bien puedes pensar en él como parte de un juego, como si la tienda quisiera tratar de desviar con él tu atención del punto de atención elegido por ti. Recuerda: cada vez que te des cuenta de que tu mente se está distrayendo, recondúcela de nuevo poco a poco hasta ese punto de atención.

9. Recuerda que, al centrar la atención de este modo, no habrá nadie que te impida comprar esas cosas, ni reglas que te digan que no están permitidas. Solo tendrás que reflexionar: «¿me va a ayudar esto a alcanzar mi talla, figura y peso ideales?, ¿va a hacer que me sienta mejor con mi cuerpo?, ¿va a mejorar mi relación con la comida?». Si la respuesta es no a cualquiera de estas preguntas, entonces seguro que es una tontería comprar cualquiera de esos productos.

10. Antes de abandonar la tienda, haz una breve pausa al salir, para que te dé tiempo a realizar, al menos, una respiración completa. Mientras estés ahí parado, tómate un momento para apreciar lo que acabas de hacer, para sentirte bien por ello y para confirmar que vas a hacer lo mismo cada vez que vayas a la compra. Así es como se forman los hábitos positivos, y la afirmación

y la reiteración adicionales favorecen enormemente las nuevas vías neurales que estás creando.

Preparación consciente de los alimentos

Cuando empecé a escribir esta sección, pregunté a varias personas cuánto tiempo dedicaban, de media, a preparar la cena, que para muchos es la comida principal del día. Las respuestas variaron entre «¿Cuánto tiempo se necesita para desenvolver una hamburguesa?» y «Unos cuatro minutos de microondas». De manera ocasional me encontré con alguien que todavía sabe cómo funciona un horno y para quien cualquier cosa entre media hora y una hora era considerado un tiempo aceptable. No quiero que cunda el pánico ni voy a pedirte que destines este tiempo todas las noches a preparar la cena y, además ya sé que la preparación, el esfuerzo, la intensidad y la concentración varían evidentemente dependiendo del plato que estés preparando. No obstante, si seguimos la vieja máxima de que vale tanto el viaje como el destino, entonces no hay duda de que la preparación es una parte muy importante de una alimentación consciente.

¿Dónde está normalmente tu mente cuando preparas la comida? No estoy hablando de tu cerebro, que confío en que esté firmemente alojado en tu cabeza. Me refiero a tu mente, a tu atención. ¿Está tu mente ocupada planeando la agenda de mañana al mismo tiempo que el cuchillo se acerca más y más a tus dedos según vas cortando una zanahoria? ¿Se encuentra tu mente todavía invadida por la agitación del día, repasando una y otra vez alguna conversación mientras pones a cocer la pasta o el arroz? Cuando miramos hacia el futuro o hacia el pasado, por lógica, no podemos estar en el presente.

Al principio, puede no parecer tan importante. Pero si piensas en ello, la mayor parte de los problemas que experimentamos como seres humanos tienen su origen en la mente. Tendemos a sentirnos estresados cuando pensamos en las cosas o cuando nos dejamos llevar por las emociones. Suele existir, además, cierto efecto colateral sobre nuestro comportamiento —tenga que ver o no de manera específica con nuestra alimentación—. De modo que la preparación de la comida ofrece realmente una magnífica oportunidad para estar presente, plenamente consciente y atento, en contraposición a estar distraído, estresado o agobiado. Es una ocasión para entrenar la mente, para comprender lo que significa vivir el aquí y ahora, con paciencia, sentido sano de la apreciación y actitud no crítica. Es además una oportunidad para recuperar el contacto con los alimentos que consumes.

Tómate un momento para pensar en las verduras que venden en el supermercado del barrio. No hace mucho tiempo simplemente se lavaban y se colocaban en los expositores. De hecho, a menudo ni siquiera estaban del todo limpias. Pero después empezaron a disgustarnos los colores y las deformidades, las manchas y las imperfecciones. De modo que los agricultores empezaron a producirlas de colores más vivos, más rectas, más redondas y, en todo caso, más agradables a la vista. Después nos dimos cuenta de que si estos alimentos se vendieran ya lavados, tendríamos una cosa menos que hacer en casa. Y si los productores estaban dispuestos a lavarlos por nosotros, podrían ya también trocearlos, ¿no? Sorprendentemente, para algunas personas esto no era aún suficiente y llegaron así las verduras «parcialmente cocidas», que solo hay que calentar antes de consumir. Hoy en día puedes ir a una tienda y comprar bolsas de plástico esterilizadas de cebollas lavadas, peladas y cortadas en tiras o dados, o patatas asadas precocinadas y listas para comer.

En contraste con todo esto, piensa en los tiempos en los que se utilizaban verduras frescas, preferiblemente cultivadas en casa o por lo menos en la localidad en la que se vivía. Quizá lo viviste en tu infancia o cuando ibas de vacaciones a algún pueblo o país extranjero. Puede que se tratara de unos tomates frescos, unas cebollas, unas zanahorias o unas espinacas. Sea lo que fuere, no puede negarse que hay algo en este tipo de productos que denota de manera innegable que son naturales y provocan en nuestro cuerpo y en nuestra mente una respuesta totalmente diferente. En un momento, nos vemos conducidos desde el intenso deseo de la comida preparada y producida en serie hasta una posición de inocencia, en la que los alimentos tienen el *aspecto* que deben tener, producen al *tacto* la sensación que tienen que producir, *huelen* como tienen que oler, *saben* como tienen que sabe y, sí, incluso *suenan* como tienen que sonar cuando los mordemos o los cortamos con el cuchillo. Es estupendo oír decir a alguien: «Oh sí, *es así* como se supone que tiene que saber un tomate».

Muchas personas con las que he hablado dicen que el tiempo de preparación de los alimentos es uno de los mayores problemas cuando piensan en comer. Curiosamente, sin embargo, a menudo no tiene nada que ver con «no tener tiempo», sino más bien con querer hacer en su lugar alguna otra cosa. La preparación es considerada una tarea, en lugar de parte de la diversión de una comida, de modo que existe la tentación de querer hacer en su lugar otra cosa. Es como si el «tiempo para la preparación» compitiera con el «tiempo para mí». Pero esto es una ilusión, porque cualquier momento puede ser «tiempo para mí». De hecho, lo único que se interpone en el camino del «tiempo para mí» es querer estar en cualquier otro sitio o querer hacer cualquier otra cosa. De modo que si somos capaces de interesarnos, de sentir curiosidad y de implicarnos en la preparación de la comida, entonces, de repente, ese tiempo se convierte en tiempo bien empleado, se convierte en «tiempo para mí».

Para otras personas el problema reside simplemente en la monotonía, o en el aburrimiento que les supone preparar la comida. En comparación con nuestras vidas, avivadas por la adrenalina, cortar una patata o lavar una lechuga puede parecer relativamente mundano y un poco insulso. De hecho, estoy seguro de que esto ha determinado la demanda de comida preparada en la misma medida que el ahorro de tiempo. Sin embargo, es la sencillez de esta tarea cotidiana lo que hace que sea tan valiosa. Es tan deliciosamente poco complicada que requiere muy poco trabajo cerebral. En cambio, requiere una ligera actitud consciente, un esfuerzo muy equilibrado. Y si eres capaz de aplicar esta actitud a la preparación de la comida, entonces ¿por qué no también a otras áreas de la vida? La atención plena puede aplicarse en cualquier momento, en cualquier lugar y a cualquier actividad. ¿Puedes recordar algún momento en el que te hayas implicado tanto en algo que hayas olvidado por completo el resto de las cosas que deberías estar haciendo en lugar de eso?

Por último, pero no por ello menos importante, si te tomas el tiempo necesario para preparar de forma consciente tu comida, podrás estar seguro al 100 por cien de lo que contiene. Uno de los principales factores que intervienen en el aumento excesivo de peso de las personas es el de las «calorías ocultas». Las ensaladas vienen a menudo impregnadas de aliños grasos, los sándwiches suelen estar cargados de tanta mayonesa que tienen más calorías que una hamburguesa y los productos supuestamente «sin grasas» tienen un elevado contenido en azúcar. Recuerda que a la mayoría de los fabricantes de alimentos no les interesa tu talla de cintura: están interesados en que consumas los alimentos que ellos quieren que consumas y en que vuelvas a por más. En cambio, la preparación consciente de los alimentos es una garantía de que vas a comer solo lo que quieres comer, lo que es sano y lo que va a ayudarte a alcanzar tu peso ideal.

Preparación consciente de los alimentos: ejercicio Headspace

Para este ejercicio puedes utilizar cualquier alimento, si bien yo recomendaría emplear fruta o verduras frescas. Con la finalidad de explicar el ejercicio, he decidido utilizar zanahoria, unas espinacas frescas y tomate fresco, aunque tienes libertad total para cambiar estos ingredientes por las alternativas que prefieras. Como siempre, sacarás el máximo partido al ejercicio si puedes realizarlo en un ambiente que sea relativamente favorable a la tarea. Por ello, apaga el móvil y asegúrate de que te encuentras expuesto al menor número posible de distracciones (al menos la primera vez que lo realices). Al empezar puede parecer muy lento, pero esto se debe a que es la manera más sencilla de aprender. Una vez que te hayas familiarizado con la técnica, puedes volver a tu velocidad habitual de hacer las cosas, aunque de forma mucho más consciente. Puedes realizar el ejercicio sentado o de pie, como prefieras.

1. Antes de lavar, cortar o pelar nada, echa un vistazo a lo que vas a preparar, cocinar y comer. Por muy extraño que te parezca, a menudo no vemos realmente las cosas por lo que son. En efecto, las miramos como una proyección de lo que pensamos que deben ser. Al conectar con la comida de esta forma, estás reconectando con tu mente (tus vías neuronales) siguiendo patrones más positivos de conducta y percepción.

2. Dirígete al fregadero y lava las diferentes verduras bajo el grifo, eliminando con suavidad polvo y suciedad. Presta atención a la temperatura del agua, a las diferentes texturas de las verduras e incluso a los olores. Deshazte de todo pensamiento durante un minuto o dos, mientras centras tu atención completamente en la temperatura, las texturas y los olores.

3. Mientras lavas las verduras es posible que te des cuenta de que los pensamientos están volviendo. Es posible que te descubras a ti mismo planeando el día siguiente o repasando una conversación en tu mente, quizá incluso una que no ha tenido lugar todavía. O puede que estés pensando en lo que podrías estar haciendo en vez de eso. Sea lo que sea, tan pronto como te des cuenta de que tu mente está distrayéndose, reconduce poco a poco tu atención de nuevo hacia el sentido del tacto.

4. A continuación, coloca las verduras sobre una tabla de cortar delante de ti. Comienza por cortar la zanahoria. Aunque no tengas costumbre de pelar zanahorias, en esta ocasión coge un cuchillo o un pelador y empieza a pelarla, despacio. Mientras lo haces, tómate tu tiempo para apreciar las sensaciones físicas. Presta atención al aspecto de las zanahorias, a su olor, a la sensación que produce al tacto e incluso a cómo suena cuando el cuchillo traspasa la piel. Sin embargo, por ahora, procura resistirte a la tentación de probarla.

5. Mientras lo haces, trata de ser consciente de esas sensaciones sutiles de satisfacción, placer, aburrimiento o inquietud, o de cualquier sensación más llamativa. Solo cuando seas capaz de reconocer tus pensamientos y sensaciones, sentirás que tienes pleno

control de tu dieta. Cuando hayas terminado de pelar la zanahoria, córtala como más te guste, siendo consciente de los ruidos y también de la sensación física del brazo y de la mano al mover el cuchillo.

6. Mientras picas las verduras, y durante todo el proceso, puede resultarte útil monitorizar tu grado de esfuerzo. Por ejemplo, ¿encuentras que te cuesta cortar las verduras o estás haciendo tanta fuerza que corres el riesgo de caer encima de la tabla de cortar? Esto te dará pistas sobre el estado de tu mente. Después, puedes poner las zanahorias en un bol, dejando un pedacito aparte para probarlo más tarde.

7. Lo siguiente son las espinacas. Toma un ramo, córtalo por la mitad con el cuchillo y huélelo. ¿Es su olor dulce, amargo, fresco o rancio? Cuanto más interesado estés y más curiosidad pongas en este proceso, más verás, más descubrirás y mejor comprenderás la dinámica de tu mente. No se trata de pensar, se trata de ser consciente. Deja un pedacito aparte para comerlo más tarde y pon el resto en un bol.

8. Por último, agarra el tomate y acércalo a tu nariz. Si el tomate está fresco y es natural, tendrá un olor magnífico. Tómate tu tiempo para percibir también su textura antes de cortarlo por la mitad y después en cuartos. Aplica el menor esfuerzo posible durante el proceso. Y después, una vez más huélelo, tócalo, míralo, interésate. Como antes, reserva un pedacito y pon el resto en el bol.

9. Siéntate a la mesa, y coloca frente a ti los tres pedacitos que has reservado durante el ejercicio. Debe haber solo una pequeña cantidad de cada verdura, no más grande de un bocado. Al observarlas, date cuenta de lo diferentes que son entre sí, de cómo contrastan sus colores, de lo distintas que son sus texturas y de cómo difieren sus olores.

10. Por último, prueba cada verdura, tomándote tu tiempo para percibir los sabores. Este es un elemento importante en la preparación de los alimentos, pues te permite conocer lo que estás

a punto de cocinar y cómo será mejor prepararlo. ¿Necesitas añadir sabores? ¿Necesitas freír las verduras, cocinarlas a la plancha, en el horno o de algún otro modo? Presta realmente atención a cada sabor. Tómate tu tiempo para apreciar cada uno de los alimentos que estás preparando para después cocinarlos.

Cocina consciente

Muchos de los aspectos mencionados en la preparación consciente de los alimentos pueden también aplicarse a la hora de cocinarlos. Sin embargo, existen algunos factores adicionales. Por ejemplo, ¿qué aspecto suele tener la cocina cuando has terminado de cocinar? ¿Parece como si hubiera estallado una bomba, con ingredientes hasta la mitad de la altura de la pared, cacharros apilados en equilibrio inestable unos encima de otros y la alarma del detector de humos colgando del techo después de haber sido golpeada con el tacón de tu zapato? ¿O eres de ese tipo de personas a quienes les gusta limpiar a medida que cocinan, quizá un «calculador de calorías» que trabaja metódicamente y pasa de manera ordenada de una cosa a la siguiente? Es posible mantener la atención consciente sea cual sea el escenario, pero no hay duda de que resulta más fácil y más agradable mantener la calma y una atención plenamente consciente en el último de los ambientes descritos.

¿Has prestado alguna vez atención a cómo te sientes al cocinar algo que no habías intentado cocinar antes? Suele existir un elemento de inquietud, de interés o de curiosidad. Si estamos cocinando para otros, podríamos incluso sentir un poco de ansiedad. Pero sobre todo existe una sensación de anticipación en relación con el sabor que pueda tener. De hecho, algunas personas van tan lejos con esta anticipación que mentalmente se han comido ya el plato antes de sacarlo del horno. Pero ¿qué ocurre durante el propio proceso de cocinado? ¿Dónde está tu mente? ¿Dónde está tu atención? ¿Sueles sentirte relajado y a gusto, o estresado e impaciente?

Me acuerdo de los días en los que me encontraba aprendiendo los fundamentos de la alimentación consciente en el primer monasterio en el que estuve preparándome, en el Himalaya. Se nos alentaba a estar presentes en la cocina durante todo el proceso de preparación de la comida (y no solo físicamente), incluso si no había nada que hacer y el plato requería varias horas de horno. La idea era que nos interesáramos y nos encontráramos cómodos se hiciera lo que se hiciera en cada momento. Durante el proceso de cocinado, esta medida tenía implicaciones sobre todo para los sentidos del oído y del olfato, que efectivamente utilizábamos como punto en el que centrar la atención. No estoy sugiriéndote que pases horas en tu cocina de esta forma, pero es verdad que resulta un ejercicio muy revelador (tanto que he incluido una versión corta al final de esta sección).

Por ejemplo, hacer lasaña en el horno huele a… lasaña ¿no? Pues bien, sí y no. Si estás realmente atento a las sensaciones, puedes oler cada uno de los ingredientes según van cocinándose, en lugar de la lasaña como un todo. También es posible que sientas los olores que se desarrollan e intensifican a medida que se mezclan y complementan entre sí. Es algo increíble cuando se descubre, sin distracciones, sintiéndote presente en todas y cada una de las partes del proceso. Y puede decirse lo mismo para cualquier alimento, incluso para alimentos fríos. No es distinto a probar vino, chocolate o queso, en cuyo caso es posible identificar incluso los sabores, aromas y texturas más sutiles si se presta atención de lleno a los sentidos. También puedes ser consciente de que tu apetito va aumentando a medida que los aromas de la comida empiezan a activar los sistemas más importantes de tu organismo. Esto suele suceder independientemente de que necesites o no comer.

Por supuesto, las cocinas familiares suelen ser lugares con bastante tráfico de personas. Solemos tener gente alrededor, niños jugando, bebés llorando, parejas hablando. Ahora muchas cocinas tienen hasta televisión en la pared, radios digitales encastradas en los electrodomésticos y el «tiempo para cocinar» se ve cada vez más como una oportunidad para realizar unas cuantas llamadas de teléfono. De hecho, las personas con esta última costumbre pertenecen al sector de la población que requiere en mayor medida la ayuda de un quiropráctico, pues sostienen el teléfono entre la oreja y el hombro mientras caminan por la cocina, con la cabeza en un ángulo permanente de 45 grados. Evidentemente existen límites en cuanto a la posibilidad de prevenir las distracciones, pero hay una cosa de la que podemos estar seguros: cuanto más caótico es algo por fuera, más probable será que sea caótico por dentro. De modo que tomar una serie de medidas prácticas para reducir el nivel de ruido y confusión mientras cocinas no puede ser más que una buena idea.

Cocina consciente: ejercicio Headspace

Existen muchas maneras de realizar este ejercicio, dependiendo del tipo de alimentos que estés cocinando y del método que emplees para cocinarlos. Por ejemplo, si se trata de un plato al horno, no tienes más que sentarte cómodamente y permanecer atento a tus sentidos mientras te centras tranquilamente en tu respiración. Sin embargo, si estás hirviendo, cociendo a la plancha o friendo un alimento, deberás mantenerte más activo, pues tendrás que remover, sacudir, dar la vuelta y freír. Por ello, he incluido aquí dos breves ejercicios, elige el que te parezca que encaja mejor contigo.

Recuerda que, para aprovechar al máximo estos ejercicios, es una buena idea desconectar el móvil y sacar de la cocina cualquier otra distracción potencial (cuando sea posible y apropiado). Una vez que te hayas familiarizado con el ejercicio, pronto serás capaz de aplicar la técnica rodeado de personas y con ruido de fondo.

Cocina lenta (poco que hacer)

1. Coloca los alimentos en el horno, la plancha o la cazuela, ajusta la temperatura, pon en marcha el temporizador y asegúrate de que no haya nada más en lo que tengas que pensar.

2. Siéntate en una silla no muy lejos del horno o del quemador de la cocina, y relájate. No tienes otra cosa que hacer más que mantenerte atento a los cambios de sonidos, olores, sensaciones y pensamientos mientras centras suavemente la atención en tu respiración. Inténtalo durante unos minutos cada vez, volviendo quizá a la cocina cada 10-15 minutos para repetir el ejercicio y darte cuenta de los cambios.

3. No tienes por qué preocuparte si tu mente vaga errante mientras estás realizando el ejercicio, pero en cuanto te des cuenta de que estás distraído, reconduce tu atención hacia la respiración. Una vez hecho esto, desvía tu atención hacia los demás sentidos, como el olor, la temperatura en aumento en la habitación o los ruidos de tu estómago a medida que los jugos digestivos empiezan a fluir, preparándose para la comida.

4. Sé tan preciso como puedas a la hora de identificar los diferentes olores, aromas, sabores y alimentos cuando los cocines. Es como si tuvieras que captar cada rastro de olor, cada matiz. Resulta sorprendente todo lo que se puede reconocer cuando la mente está predispuesta a ello.

5. A medida que vayas siendo consciente de estas cosas, date cuenta también de hacia dónde quiere viajar tu mente. ¿Se desvía hacia recuerdos del pasado, asociando quizá los olores a comidas anteriores? ¿O corre hacia el futuro, imaginando quizá cómo va a saber la comida? Esto no requiere ningún análisis ni pensamiento, simplemente es una cuestión de atención consciente.

Cocina rápida (mucho que hacer)

1. Comienza por el momento en el que pusiste el agua a calentar, o el aceite en la sartén. Presta atención a los sonidos, a los olores y a las sensaciones que el calor desencadena de forma inmediata

2. Cuando empieces a cocinar los distintos alimentos, observa cómo la adición de cada nuevo ingrediente afecta al aroma general del

plato. Has de estar presente al 100 por cien, con todos los sentidos físicos, y no dispersarte. Cada vez que tu mente divague, reconduce de nuevo la atención hacia esos sonidos y olores.

3. Procura estar atento a los cambios de tu estado de ánimo y de tus pensamientos a lo largo del proceso de preparación. ¿El calor te resulta agobiante? ¿Te has sentido nervioso al tratar de preparar distintas cosas al mismo tiempo, o seguro y con control? No trates de cambiar ninguna de estas sensaciones —bastará con que tengas una imagen mental de ellas.

4. Cuando observes la mente, utiliza las sensaciones físicas como lugar seguro al que volver cuando sientas que las emociones se desatan. Por ejemplo, en lugar de sentirte inquieto por la sensación de ansiedad, vuelve al olor de la comida, y en lugar de sentirte cada vez más frustrado por la sensación de frustración, reconduce tu atención hacia los sonidos de la cocción de la comida.

5. Durante el ejercicio toma nota de cómo se comporta tu mente. ¿Está cómoda viviendo el momento? ¿O tiende a distraerse planeando cosas del futuro o a desviarse hacia recuerdos del pasado? Ser consciente de los pensamientos de este modo te ayudará a sacar mayor partido al ejercicio, lo cual, para la mayoría de la gente, supone disfrutar de una experiencia más serena en la cocina.

Comer de forma consciente

Y así, poco a poco, hemos llegado al corazón del ejercicio, al plato principal, si lo prefieres. Todos los demás aspectos de la técnica de alimentación consciente reforzarán sin duda tu experiencia y te ayudarán a mejorar tu relación con la comida, aumentando al mismo tiempo de forma significativa la probabilidad de alcanzar tu peso ideal. Sin embargo, es el proceso en sí de comer lo que hace que las cosas empiecen realmente a cambiar. Será entonces cuando probablemente observarás el mayor cambio y cuando te des cuenta de la relación existente entre una mente serena y estable y una dieta sana y razonable.

Mucha gente cree que comer de forma consciente significa simplemente hacerlo más despacio y con cuidado, pero no es así. Hacer algo con cuidado y ser plenamente consciente de lo que se hace son dos cosas distintas. Del mismo modo que puedes ser igual de consciente caminando despacio por un camino en el parque o corriendo a toda pastilla por una pista de atletismo, también puedes mantener la atención plena mientras disfrutas de una agradable comida en casa o mientras te comes un sándwich sobre la marcha fuera de casa. El hecho es que, al ser más consciente de lo que estás haciendo, descubrirás pronto que devorar un tentempié entre e-mails o, mucho peor, mientras corres por la calle, no es precisamente bueno. El cuerpo digiere mucho mejor los alimentos cuando está en algún lugar, cuando la mente está serena y las emociones están estables. De hecho, existen numerosos estudios que demuestran que estos factores influyen incluso en la cantidad de nutrientes absorbidos por el organismo.

Por supuesto que masticar bien cada bocado de comida no es una idea nueva y, si eres como la mayor parte de la gente, te habrán insistido en que así lo hagas desde edades tempranas. En el pasado hubo dietas —e incluso movimientos enteros— creados en torno al concepto de comer despacio y masticando bien. Pero ahora es la comunidad científica la que está interesada en la velocidad a la que comemos. Esto se debe a que los estudios están empezando a poner de manifiesto que cuando reducimos la velocidad a la que comemos y nos tomamos nuestro tiempo para masticar bien cada bocado, comemos menos. Parece bastante evidente, y aun así pocos realmente nos acordamos de hacerlo. Una compañía escandinava cree haber dado con la respuesta a este problema y recientemente ha empezado a poner a la venta platos que reconocen la velocidad a la que estás comiendo ¡y te dicen que frenes un poco el ritmo si estás yendo demasiado deprisa! Naturalmente, el hecho de optar por esta forma de comer depende totalmente de ti, pero si te ayuda a apreciar más la comida al tiempo que comes menos, entonces puede tener sentido planteársela.

Otra suposición frecuente es que comer de forma consciente es algo que debe realizarse en solitario, sin nadie alrededor, en completo silencio y casi en condiciones de retiro. No hay duda de que es más fácil aprender con menos distracciones, pero se puede comer de forma consciente en cualquier lugar. No importa que estés comiendo en casa con los niños, tomando un tentempié con compañeros de trabajo, comiendo algo tú solo en un bar atestado, o cenando fuera con amigos: la técnica de comer de forma consciente puede aplicarse en todas estas circunstancias. Pero mientras estés aprendiendo esta técnica tradicional, yo te sugeriría que lo hicieras solo, al menos las primeras veces. Por esta razón he incluido a continuación un segundo ejercicio, para cuando estés comiendo con otras personas. En él hago hincapié en aspectos algo diferentes y te animo a que utilices la mente de un modo algo distinto. Esto significa que puedes empezar a comer de forma consciente inmediatamente, sin importar la circunstancias.

Comer de forma consciente: ejercicio Headspace

La técnica para comer de forma consciente descrita a continuación es posiblemente una de las más importantes entre todos los ejercicios presentados en el libro. Es el momento en el que te sentirás física y mentalmente más comprometido con la comida. Aunque la explique aquí de un modo tradicional y te anime a realizarla en solitario y sentado a la mesa, es solo para que te resulte más fácil aprenderla. Una vez que te sientas seguro aplicando los principios en este contexto, podrás practicarla en cualquier lugar, sin importar que estés solo o acompañado.

1. Siéntate a la mesa, preferiblemente solo y apartado de posibles distracciones externas. No te preocupes demasiado si hay ruidos que escapan a tu control; puedes incorporarlos al ejercicio, del mismo modo que hiciste en «Tómate 10 minutos». Antes de empezar con tu comida, realiza un par de respiraciones profundas —inspirando por la nariz y espirando por la boca— para que cuerpo y mente se asienten y se calmen.

2. Ahora, tómate un momento para apreciar la comida. ¿De dónde procede? ¿De qué país? ¿Es un producto natural o elaborado? Intenta imaginarte los ingredientes en su medio natural de crecimiento e incluso los tipos de personas que se habrán encargado de los cultivos o de los animales. Al reconectarte con estos sencillos hechos, empezarás a elegir mejor y te acercarás a los objetivos deseados.

3. Mientras lo haces, presta atención a cualquier sensación de impaciencia de la mente, de querer empezar ya a comer. Puede que estés pensando en todas las cosas que tienes que hacer. Sea cual sea la reacción, será probablemente un comportamiento condicionado, un hábito, aunque te parezca muy fuerte. Al margen de la sensación, tómate al menos un minuto para reflexionar en este sentido.

4. A continuación, sin sentimiento de culpa, tómate un momento para apreciar que realmente tienes comida en el plato. Estamos tan familiarizados con esta situación que nos olvidamos de los que no tienen este privilegio. Todo ejercicio estable de *mindfulness* conlleva una profunda sensación de reconocimiento y gratitud.

5. Si es un alimento que vas comer con las manos, presta atención a la textura cuando lo agarras, a la temperatura y también al color. Si es un plato de cuchillo y tenedor, percibe la textura y la temperatura de los cubiertos al manipular la comida, pero fíjate también en los colores de los alimentos en el plato. Quizá descubras la utilidad de sostener el tenedor o la cuchara en tu mano no dominante, pues esto impide que vayas demasiado deprisa.

6. Cuando estés llevándote la comida a la boca, desvía el centro de atención de tus manos hacia la nariz, los ojos y la boca. ¿Qué olor tiene la comida? ¿Qué aspecto tiene de cerca? Y, al introducirla en la boca, ¿cuáles son el sabor, la textura y la temperatura? No tienes que «hacer» nada. Limítate a observar los diferentes sentidos corporales en funcionamiento.

7. Además de las sensaciones físicas, presta atención a la manera en que la mente responde a la comida. Por ejemplo, ¿recibe tu mente la comida con placer o con desagrado? ¿Existe aceptación de la

comida tal y como es, o existe quizá resistencia a ciertos aspectos de la misma? Puede que esté demasiado caliente, demasiado fría, demasiado dulce o demasiado amarga. Presta atención al modo en que la mente se apresura a juzgar la comida y a realizar comparaciones con comidas previas u otras posibilidades. Hagas lo que hagas, tómate tu tiempo para masticar bien la comida. No solo es una manera más saludable de comer, sino que te permitirá saborear y apreciar más detenidamente los diferentes sabores.

8. Cuando hayas dado unos bocados, es posible que te des cuenta de que la mente empieza a aburrirse con el ejercicio y que se distrae pensando en otra cosa. Al igual que en «Tómate 10 minutos», esto es normal y no debe preocuparte. De modo que, tan pronto como te des cuenta de que tu mente está divagando, recondúcela poco a poco hacia el proceso de comer, los diferentes sabores, olores, texturas, imágenes y sonidos.

9. A medida que vayas comiendo puede que empieces a notar cierta urgencia por comer más deprisa (¡quizá de avanzar hacia el postre!). O quizá tengas sensación de cierta inquietud en relación con lo que estás comiendo. Si es una comida especialmente copiosa, es posible que sientas el deseo de comer cada vez menos a medida que el estómago va llenándose y tú vas siendo consciente de estas sensaciones. En la medida de lo posible, limítate a observar los distintos pensamientos y sensaciones (evidentemente, actuando sobre ellos cuando proceda) y, si puedes, fíjate en el comportamiento de la respiración, pues puede darte pistas sobre lo cómodo o incómodo que te está resultando el proceso de comer.

10. Antes de pasar a lo siguiente que hayas planeado hacer, procura permanecer sentado durante unos momentos. Es una oportunidad para aplicar al resto del día esa sensación de estar presente. Es una oportunidad para darte cuenta de que los pensamientos, las emociones y las sensaciones físicas que experimentabas antes de comer han pasado. Con el tiempo, esta consciencia de cambio ayuda a la mente a sentirse más espaciosa y más a gusto.

Comer de forma consciente (con otros): ejercicio Headspace

1. Recuerda que no existen reglas sobre lo que puedes y lo que no puedes comer, de modo que no te sientas nervioso ni preocupado con antelación por lo que puedes tomar. No se trata de tener una voluntad de hierro capaz de resistir cualquier cosa, sino de tener un planteamiento sencillo, flexible y hábil.

2. Si estás eligiendo menú en una carta, antes de pedir construye una imagen clara de la comida en tu mente. Recuerda de dónde procede, cómo sabe y, lo que es más importante, cómo te has sentido después de comerlo otras veces que lo hayas comido.

3. Si estás comiendo en casa de un amigo o con tu familia, es posible que no tengas elección en cuanto al menú. En tales circunstancias, deberías centrarte más en el tamaño de las raciones y en el número de piezas que en el alimento en sí mismo. Recuérdate a ti mismo que estás ahí fundamentalmente para divertirte y compartir una comida en compañía de otros. Esto a menudo calma la mente y ayuda a ver las cosas desde otra perspectiva.

4. Si puedes, comienza enseguida a prestar atención a la manera en la que está comportándose la mente. Recuerda que no existe el «debo» o «no debo», de modo que permite que cualquier pensamiento de deseo (y posiblemente de resistencia) vaya y venga. Es totalmente normal y solo porque un pensamiento aparezca en tu mente no quiere decir que tengas que seguir adelante con él.

5. Es posible todo esto te resulte más fácil si tienes la sensación física de estar centrado en tu cuerpo. No tienes que hacerlo todo el tiempo, pero siempre puede ser un lugar al que volver, en el que concentrarse, si sientes que tu mente está entrando en bucle. La sensación de los pies sobre el suelo o del cuerpo contra la silla parece que le funciona bien a la mayoría de la gente. Se hace sin esfuerzo, mientras se conversa y se come.

6. Si puedes, comprueba tu respiración de vez en cuando. A menudo la respiración refleja el estado de la mente, de manera que

cuando los pensamientos y las emociones están muy alterados, la respiración a menudo se vuelve débil y superficial. No tienes que alterar tu respiración: el simple hecho de ser consciente de ella te ayudará. El gesto de posar la mano suavemente sobre tu estómago te ayudará a percibir mejor esta sensación.

7. Sin forzar la situación, intenta implicarte en lo que se esté diciendo. Esto significa escuchar e interesarse por lo que los demás tienen que decir. Esta actitud contrarrestará la tendencia de tu mente a pensar en los emails que tienes que enviar o en ese pastel de queso que te ha parecido ver. Si tu atención está realmente centrada en la otra persona, no podrá estar en otro lugar con sensaciones de ansiedad o pensamientos de pérdida de peso.

8. Date cuenta de la manera en la que las decisiones de los demás influyen en tu manera de pensar y de sentir. En lugar a dejarte llevar por esas decisiones y que te afecten, simplemente reconócelas como son y por lo que son y mantente en tus opciones deseadas. Cualquier sensación inmediata de estar perdiéndote algo se verá más que compensada por las sensaciones positivas de bienestar y confianza que experimentarás después.

9. Sé consciente de la manera en la que el alcohol te afecta e influye en tus decisiones. No hay nada malo en disfrutar de una copa con los amigos, pero si ello desbarata y arruina cualquier intento de vivir y comer como te gustaría, entonces deberás cuestionarte la conveniencia de tal actitud. Quizá puedas descubrir en qué punto sueles perder tu rumbo y así, la próxima vez, dejar de beber antes.

10. Por último, pero no menos importante, no te tomes demasiado en serio. En ocasiones, se da una situación algo incómoda cuando alguien insiste mucho. Si tus amigos tratan de convencerte de que comas algo que tú no deseas comer, ríete de ello, bromea sobre ello, y mantén tu postura. Comer de forma consciente supone hacerlo de manera centrada pero relajada, en lugar de desarrollar ese planteamiento militante sobre la alimentación y la dieta que se observa con tanta frecuencia.

CAPÍTULO 9

Plan de 10 días de Headspace

Introducción

Como ya dije al principio del libro, la técnica de *mindfulness* empieza a ser útil cuando la *aplicas* a la vida; de modo que solo cuando *comas* de manera plenamente consciente empezarás a observar verdaderos cambios en tus hábitos de alimentación, en la relación que tienes con tu cuerpo y en tu aspecto. Los siguientes 10 días son el inicio de algo que puede cambiar tu vida. Con esta idea en la mente, el capítulo que nos ocupa es extraordinariamente importante. Es la carne en tu sándwich de atención plena (o la proteína vegetal texturizada, si sigues esa tendencia).

Es probable que sea muy diferente de la mayoría de las dietas que has intentado otras veces, ya que no se trata de una dieta prescriptiva, en la que se dice exactamente lo que debes y lo que no debes comer cada día. La mayor parte de la gente es de sobras consciente de cuáles son los alimentos que favorecen la salud, la autoestima y la sensación de bienestar y de cuáles conducen a aumento de peso, conflicto emocional y cardiopatía (cuando se abusa de ellos). Aparte de esto, comer de forma consciente supone reforzar la sensación de seguridad y confianza en tu capacidad para tomar decisiones. Se trata de deshacerse de la dependencia y de sentir que controlas las elecciones que realizas. Se trata de recuperar la responsabilidad de lo que comes. Pero si prefieres disponer de unas directrices generales sobre qué alimentos puedes incluir en tu Plan de 10 días, encontrarás algunas recomendaciones nutricionales en el siguiente capítulo.

Ni qué decir tiene que una dieta equilibrada que incluya elementos de todos los grupos de alimentos es la clave para el éxito de este programa. No se trata de una dieta de extremos, en la que los carbohidratos son contemplados como el enemigo, y las grasas son eliminadas por completo. Tampoco se trata de una dieta de cálculo de calorías, con comidas preparadas para perder peso, o con fórmulas especiales en polvo. Estos tipos de dietas simplemente son insostenibles. E incluso si no lo fueran, ¿es realmente esta la manera en la que deseas comer durante el resto de tu vida, quiero decir, comiendo alimentos diseñados para astronautas? ¿Crees que este planteamiento va a aportarte realmente paz mental? ¿No sería estupendo ser capaz de relajarte con la comida, disfrutar de ella, apreciarla y al mismo tiempo alcanzar o mantener tu peso, figura y talla ideales? ¿No estaría bien comprender los diferentes procesos en juego, comprender por qué comes, qué comes y cuándo comes? ¿ No estaría bien tener pleno control de tus hábitos alimentarios y estar a gusto con tu talla y tu figura corporales?

En muchos sentidos, la técnica de comer de forma consciente resulta engañosa en su propia sencillez. A primera vista, este plan de alimentación puede parecer sorprendentemente directo, un buen montón de sentido común a la vieja usanza, sin el exotismo de muchas de esas dietas de moda. Pero no hay nada que pueda considerarse ni remotamente «corriente» en la información contenida en este libro, ya que si la técnica fuera «corriente» entonces todos viviríamos de esta manera. Y evidentemente no es así. El hecho es que, como muchas otras cosas en la vida, a menudo los enfoques más simples y directos son los que dan los mejores resultados, y la técnica de comer de forma consciente no es una excepción. En efecto, es una de las técnicas de cambio comportamental más auténticas, eficaces y transformadoras.

No obstante, el Plan de 10 días requiere tu atención, *exige* tu atención, hasta que te vayas acostumbrando a centrarte en el aquí y ahora. Recuerda que el *mindfulness* es una habilidad como cualquier otra y requiere práctica. No esperes hacerlo bien la primera vez que lo intentes. Cuando estés aprendiendo, te costará un poco más recordarlo todo, pero tardarás poco tiempo en hacerlo como algo natural. En un mundo en el que tantas cosas compiten por atraer tu atención, puede resultarte difícil centrarte solo en una. Pero conseguirás volver a tus prioridades y a tus motivaciones. Si quieres notar una diferencia importante y experimentar un cambio sostenible, deberás atenerte al plan absolutamente todos los días. Esto supone *interés* por tus hábitos alimentarios, *curiosidad* por tus patrones de pensamiento e *inspiración* en relación con la posibilidad de un cambio duradero.

Con esto en la mente, existen unas pocas y sencillas directrices que te ayudarán a sacar el máximo partido a los próximos 10 días. No importa si te sientas a comer o si vas a tomar un tentempié por el camino: estas directrices son aplicables en cualquier circunstancia.

Reglas de compromiso de la Dieta *Mindfulness* con el método Headspace

1. Recuerda el enfoque

Puedes comer lo que quieras durante los próximos 10 días, siempre que sigas las directrices del plan. Para obtener los mejores resultados, es una buena idea que sigas las recomendaciones generales del capítulo siguiente, aunque teniendo en cuenta que no resultan de ayuda ni las estrecheces de pensamiento ni un enfoque inflexible del plan. Comer de forma consciente tiene que ver más con *comprender* la mente, en lugar de tratar de controlarla o de vencerla de alguna manera.

2. Despeja los armarios

Cambiar los hábitos de alimentación para toda la vida es bastante duro, de modo que, para empezar, ponte las cosas fáciles. Deshazte de cualquier alimento que percibas en conflicto con tu nueva manera de comer o con tus objetivos de pérdida de peso. La paz mental y la aceptación son en ocasiones tan simples como saber que ya no hay chocolate en el armario.

3. Reflexiona antes de comprar

Antes de ir a la compra, ten claro lo que vas a comprar. Puedes seguir apreciando las demás cosas de la tienda pero, si reflexionas antes, solo comprarás los alimentos que realmente necesitas y que pretendías comprar, en lugar de las cosas que vayas encontrando por el supermercado. Ah, y recuerda que no debes ir a la compra cuando tengas hambre.

4. Respira antes de comprar

Las compras impulsivas son el error de la mayor parte de la gente. De modo que si sientes que estás a punto de comprar algo de lo que más tarde te arrepentirás, en lugar de tratar de resistirte (o de ir a por él), intenta lo siguiente. Espera a que tu cuerpo realice una espiración. No la fuerces, solo espera a que llegue y síguela, hasta que se te acabe el aliento. Si tienes tiempo, espera otra respiración para seguirla también. Observa si sigues sintiendo lo mismo en relación con la compra de ese alimento.

5. Haz una pausa antes de comer

No importa el motivo, lo importante es que realices una pausa lo suficientemente larga para que la mente se asiente y para que las emociones se aclaren. Puede ser una pausa para reflexionar sobre la procedencia del alimento, para darte cuenta de si realmente tienes hambre o simplemente para apreciar y dar gracias por que haya comida en el plato. Un mínimo de 10 segundos son indispensables para tal fin.

6. Siéntate a comer

Siempre que sea posible, siéntate a la mesa para comer, incluso si se trata solo de un tentempié. En último caso, siéntate *en alguna parte* a comer. Simplemente no parece muy realista esperar que un plan de alimentación consciente vaya a funcionar como se espera si engulles un sándwich mientras corres por la calle al encuentro de un amigo.

7. Limita las distracciones

Existe una buena razón por la que los cines suelen ser lugares tranquilos y sin distracciones. El silencio te permite centrarte en la película, disfrutar de ella, apreciarla, comprender lo que está pasando. Lo mismo puede decirse de la comida y la mente. Te resultará mucho más difícil aprender a comer de forma consciente si estás intentando hacer 10 cosas a la vez. De modo que reduce al mínimo tus actividades cuando estés realizando alguno de los ejercicios incluidos en el plan.

8. Mantén la curiosidad

No importa cuántas veces hayas comido este tipo de comida: nunca es la misma comida. De modo que deja atrás cualquier recuerdo de comidas anteriores y evita proyectar viejas ideas sobre nuevas experiencias. En la medida de lo posible, aborda cada experiencia de alimentación de los próximos 10 días con la misma curiosidad que pondrías si estuvieras probando algo totalmente nuevo.

9. Emplea los sentidos

Aunque, en determinados momentos, el plan te anima a centrarte en sentidos físicos específicos, ponte como objetivo reconocer los cinco sentidos en cada comida. Por ejemplo, hay algunos alimentos (especialmente los elaborados) que, examinados más de cerca, probablemente no consumirías. De modo que realiza una lista mental y reconoce los cinco sentidos cada vez que comas.

10. Sal a caminar

En ocasiones los pensamientos y las emociones sobre los alimentos surgen tan rápidamente y son tan arrolladores que resulta casi imposible mantener la calma y la claridad. El cuerpo no digiere bien las cosas cuando la mente está alterada y en tal estado es mucho más difícil centrarse. De modo que distánciate de todo, date un paseo si es necesario, y vuelve cuando la mente se haya asentado.

Cómo se utiliza el plan de 10 días

A lo largo de los próximos 10 días empezarás a notar los beneficiosos efectos de ser más consciente de lo que haces. Por ejemplo, aprenderás a participar plenamente con los sentidos antes, durante y después de comer; aprenderás a reconocer los pensamientos sobre la comida y sobre tu cuerpo, con claridad y sin dejarte llevar por ellos; aprenderás a conocer tus emociones y su importancia a la hora de seguir una dieta saludable; aprenderás a prestar oídos a tu cuerpo para saber lo que le gusta, lo que no le gusta, lo que necesita y lo que no necesita; y empezarás a ver con claridad, quizá por primera vez en tu vida, por qué sigues los patrones de comportamiento que sigues. Esto es lo que significa guiarte por tu inteligencia natural, ser consciente y practicar *mindfulness*. Sin embargo, no ocurre de la noche a la mañana, sino que se desarrolla y evoluciona son el tiempo. De modo que recuerda que la Dieta *Mindfulness* no está diseñada para ser algo temporal, sino para ser una manera de comer para toda la vida.

Como puedes ver en el plan, cada día está subdividido en cinco comidas, que deberás incorporar a tu rutina diaria a las horas que más te convenga. Sin duda el plan dará mejores resultados si no comes fuera de esas horas. Me doy cuenta de que cinco veces al día pueden parecer muchas veces para algunas personas (y posiblemente no tantas para otras), pero recuerda que en realidad estamos hablando de tres *comidas* al día (con raciones saludables), más dos pequeños tentempiés saludables. Esta pauta es muy importante para mantener unos niveles estables de azúcar en sangre y te ayudará a controlar la sensación de hambre, a estabilizar las emociones y a reducir el riesgo de picar, de darte atracones o de comer alimentos poco saludables entre horas (o incluso *en* las horas establecidas para comer).

Una vez más, por favor, recuerda que no se trata de una dieta prescriptiva. Si no estás seguro de cuáles son los alimentos que favorecen tu salud y bienestar, o las raciones que debes tener en cuenta para cada comida o tentempié, echa un vistazo a la Guía práctica de nutrición de Headspace en el siguiente capítulo. Y si deseas algo más de ayuda y asesoramiento sobre esta forma consciente de comer, no dejes de consultar la página www.getsomeheadspace.com/books/theheadspacediet.

Para terminar, y aunque parezca un método algo anticuado, voy a pedirte que lleves un registro de lo que comes en el diario de alimentos incluido en el plan. Esta medida te resultará de gran ayuda para revisar y valorar tu estado físico, emocional y mental en relación con alimentos específicos. En efecto, para cada comida y tentempié, se te pedirá que observes tu estado físico, emocional y mental —antes, durante y después de comer—. También se te pedirá que prestes atención a los sentidos, para ser consciente de tu grado de hambre, para valorar cómo te sientes y para darte cuenta de si tu mente se encuentra en un estado de claridad o de confusión, de calma o de inquietud. Es esencial que mantengas tu mente abierta a estas cosas y consciente de ellas. Este enfoque de curiosidad, interés y objetividad te permitirá contemplar tu relación con la comida y con tu cuerpo de un modo global y totalmente nuevo. Y esta nueva perspectiva será la que permitirá que tenga lugar un auténtico cambio sostenible.

El cuerpo

Los sentidos

En cada comida se te pedirá que te centres en un sentido concreto. Esto no significa que los demás sentidos queden excluidos, como tampoco otros pensamientos o sensaciones, sino que un sentido será tu centro de atención principal. Si te das cuenta de que tu mente está vagando por otro lugar, acuérdate de reconducir tu atención de nuevo hacia el sentido físico al que hayas decidido dar preferencia en esa ocasión.

Los cinco sentidos físicos

1. Gusto.
2. Tacto.
3. Vista.
4. Olfato.
5. Oído

Hambre

Como recurso para potenciar la participación de los sentidos y para ayudarte a ser más consciente y a estar en mayor sintonía con las sensaciones de hambre, también se te pedirá que valores tu nivel de hambre antes y después de cada comida.

Asimismo, puede resultar de ayuda que valores esta sensación en mitad de la comida, solo por tu propio interés, sin necesidad de que lo escribas.

Echa un vistazo a la siguiente clasificación para aprender a valorar tu sensación de hambre y escribe el número correspondiente en el espacio destinado a tal fin en cada comida.

Niveles Headspace de hambre

1. Famélico
   Débil, mareado y posiblemente por encima del punto en el que se siente hambre.

2. Muy hambriento
   Muy molesto, irritable, escaso de energía, posible dolor de cabeza.

3. Hambriento
   Ruidos en el estómago, sensación de deseo, preocupación absoluta por la comida.

4. Ligeramente hambriento
   Pensamientos que se desvían hacia la comida, ligera sensación de hambre.

5. Neutro
   Ni sensación de hambre ni de saciedad.

6. Ligeramente lleno

 Agradablemente satisfecho, consciente de haber comido, sensación agradable.

7. Muy lleno

 En el límite de la saturación, pérdida de apetito, sensación incómoda.

8. Harto

 Necesidad de aflojar el cinturón, cansado, aletargado y con tensión dolorosa en el estómago.

9. Con náuseas

 Intensa aversión por la comida, sensación de mareo, sensaciones dolorosas de abotargamiento.

10. Atención médica

 ¡Hay que llamar al médico!

La mente racional

La mente incorpora pensamientos y sensaciones en igual medida, pero para los objetivos de esta dieta *mindfulness* que te proponemos con el método Headspace (y para que tú obtengas los máximos beneficios de ella), he dividido la mente en dos categorías: la mente racional y la mente emocional. Se trata de una distinción que se realiza a menudo en los ensayos científicos, de modo que la primera se relaciona de manera específica con la reflexión, o el pensamiento, y la segunda se aplica a las sensaciones, o emociones.

Antes y después de cada comida se te pedirá que valores la experiencia de tu mente racional, tanto en términos de parloteo mental como de claridad. El parloteo mental se relaciona con la sensación de calma o de inquietud de la mente —si existen muchos pensamientos, o ninguno en absoluto—. Por otro lado, la valoración de la claridad dependerá de si tienes intenciones y objetivos claros y de tu habilidad para tomar decisiones y para darte cuenta de que ciertos alimentos hacen que te sientas de una determinada manera.

Echa un vistazo a las siguientes clasificaciones para valorar tu experiencia y después escribe el número correspondiente en el recuadro que se proporciona para cada comida.

Niveles Headspace de parloteo mental

1. Silencio

   Ninguna cosa, nada, absolutamente nada, como nunca.

2. Extremadamente calmado

   Felizmente tranquilo, podrías oír cómo cae un alfiler, muy pocos pensamientos.

3. Muy calmado

   Inusualmente tranquilo, pocos pensamientos, sensación de quietud.

4. Bastante calmado

   Agradablemente tranquilo, muy escasa divagación mental, pocos pensamientos.

5. Neutro

   Ni sensación intensa de calma ni de inquietud.

6. Ligeramente inquieto

   Ocasional divagación mental, dificultad para sentir comodidad.

7. Muy inquieto

   Pensamientos frecuentes, tendencia a buscar distracción, agitación física.

8. Extremadamente inquieto

   Constante parloteo mental, grave agitación, distracción compulsiva.

9. Incapacitado

   Pensamientos incesantes, agotamiento físico, incapacidad para realizar una actividad.

10. ¡Aaaaaaah!

   Deseo urgente e irresistible de golpear la cabeza contra la pared —¡por favor, no lo hagas!.

Niveles Headspace de claridad mental

1. Claro como el cristal

   Centrado como un rayo láser, como observando la mente a cámara lenta —¡y en HD!

2. Extraordinariamente claro

   Muy centrado, consciente de la intención, decisiones sin esfuerzo.

3. Muy claro

   Emociones fácilmente identificables, facilidad para tomar decisiones, sentido de la perspectiva.

4. Bastante claro

   Consciencia de patrones habituales, posibilidad de responder con destreza.

5. Neutro

   Ni fuerte sensación de claridad ni confusión.

6. Ligeramente confuso

Indicios de incertidumbre, emociones difusas, intenciones inestables.

7. Muy confuso

Emociones no identificables, dificultad para tomar decisiones, sensación de conflicto.

8. Extremadamente confundido

Superado por las emociones, pérdida de perspectiva, acciones poco hábiles.

9. Felizmente inconsciente

Sin consciencia de ser inconsciente, reina la más total y absoluta confusión.

10. ¿Cómo me llamo?

¡Tiempo de «Tómate 10 minutos»!

La mente emocional

Antes y después de cada comida o tentempié se te pedirá que escribas cómo te sientes, eligiendo un estado emocional del Disco de Headspace que encontrarás en la página 227. Hay personas a las que esta tarea puede resultarles difícil al principio, sobre todo si se encuentran tan atrapadas por la emoción en sí misma que no son capaces de verla como lo que es. Sin embargo, con apenas un poco de práctica, se convertirá en algo natural.

Es posible que a veces seas consciente de más de una sensación emocional. Si se da el caso, simplemente escribe la emoción que sientas con más fuerza. Y no te preocupes si la sensación exacta no figura en el disco. En el contexto de este ejercicio está bien que anotes la emoción *más parecida* al modo en que te sientes.

Si observas el disco de Headspace, verás que está dividido en cuatro áreas distintas, cada una de ellas con cuatro ejemplos de estados emocionales dentro de esa categoría en particular. Esta subdivisión se basa en una escala emocional y en el lenguaje que generalmente se utiliza en los estudios psicológicos basados en el *mindfulness*.

Creo que no es útil (ni acertado) contemplar las emociones como positivas o negativas, pues ello requiere una subjetividad que en muchos sentidos contrasta con la objetividad promovida por la atención plena. Ello no obstante, con la finalidad de explicar todo esto de un modo más fácil y accesible, me referiré a estados emocionales relativamente «positivos» y «negativos», tal y como son percibidos por las personas.

He aquí la descomposición, avanzando por el disco en el sentido de las agujas del reloj:

Cuadrante superior derecho

Esta sección del disco sugiere un estado relativamente positivo de la mente, que ese muestra animada, dinámica y llena de energía. En pocas palabras, las emociones reflejan en este caso una amplia gama de dinámica positividad.

Los cuatro adjetivos que definen los estados emocionales de este cuadrante son:

- Nervioso.
- Entusiasta.
- Valiente.
- Alegre.

Cuadrante inferior derecho

Esta sección del disco sugiere un estado relativamente positivo de la mente, que se muestra menos activa, con menos energía y más calmada. En pocas palabras, las emociones reflejan en este caso una amplia gama de serena positividad.

Los cuatro adjetivos que definen los estados emocionales de este cuadrante son:

- Satisfecho.
- Contento.
- Relajado.
- Soñoliento.

Cuadrante inferior izquierdo

Esta sección del disco sugiere un estado relativamente negativo de la mente, que se muestra menos activa, con menos energía y sumisa. En pocas palabras, las emociones reflejan en este caso una amplia gama de negatividad sumisa.

Los cuatro adjetivos que definen los estados emocionales de este cuadrante son:

- Triste.
- Culpable.
- Tímido.
- Cansado.

Cuadrante superior izquierdo

Esta sección del disco sugiere un estado relativamente negativo de la mente, que se muestra vivaz, llena de energía y dinámica. En pocas palabras, las emociones reflejan en este caso una amplia gama de negatividad dinámica.

Los cuatro adjetivos que definen los estados emocionales de este cuadrante son:

- Enfadado.
- Irritable.
- Temeroso.
- Insatisfecho.

Día 1

Desayuno: _____

_____

Antes de comer   estado emocional: _____
Nivel de hambre . . . . [   ] _____
Nivel de parloteo mental . [   ] _____
Nivel de claridad . . . . [   ] _____

Después de comer   estado emocional: _____
Nivel de hambre . . . . [   ] _____
Nivel de parloteo mental . [   ] _____
Nivel de claridad . . . . [   ] _____

Tentempié: _____

_____

Antes de comer   estado emocional: _____
Nivel de hambre . . . . [   ] _____
Nivel de parloteo mental . [   ] _____
Nivel de claridad . . . . [   ] _____

Después de comer   estado emocional: _____
Nivel de hambre . . . . [   ] _____
Nivel de parloteo mental . [   ] _____
Nivel de claridad . . . . [   ] _____

Comida: _____

_____

Antes de comer   estado emocional: _____
Nivel de hambre . . . . [   ] _____
Nivel de parloteo mental . [   ] _____
Nivel de claridad . . . . [   ] _____

Después de comer   estado emocional: _____
Nivel de hambre . . . . [   ] _____
Nivel de parloteo mental . [   ] _____
Nivel de claridad . . . . [   ] _____

Tentempié: _____

_____

Antes de comer   estado emocional: _____

Nivel de hambre . . . . [   ] _____

Nivel de parloteo mental . [   ] _____

Nivel de claridad . . . . . . [   ] _____

Después de comer   estado emocional: _____

Nivel de hambre . . . . [   ] _____

Nivel de parloteo mental . [   ] _____

Nivel de claridad . . . . . . [   ] _____

• •

Cena: _____

_____

Antes de comer   estado emocional: _____

Nivel de hambre . . . . [   ] _____

Nivel de parloteo mental . [   ] _____

Nivel de claridad . . . . . . [   ] _____

Después de comer   estado emocional: _____

Nivel de hambre . . . . [   ] _____

Nivel de parloteo mental . [   ] _____

Nivel de claridad . . . . . . [   ] _____

• •

Reflexión:

_____

_____

_____

_____

_____

_____

_____

_____

Día 2

· ·

Desayuno: _____

_____

Antes de comer   estado emocional: _____
Nivel de hambre . . . . [   ] _____
Nivel de parloteo mental . [   ] _____
Nivel de claridad . . . . [   ] _____

Después de comer   estado emocional: _____
Nivel de hambre . . . . [   ] _____
Nivel de parloteo mental . [   ] _____
Nivel de claridad . . . . [   ] _____

· ·

Tentempié: _____

_____

Antes de comer   estado emocional: _____
Nivel de hambre . . . . [   ] _____
Nivel de parloteo mental . [   ] _____
Nivel de claridad . . . . [   ] _____

Después de comer   estado emocional: _____
Nivel de hambre . . . . [   ] _____
Nivel de parloteo mental . [   ] _____
Nivel de claridad . . . . [   ] _____

· ·

Comida: _____

_____

Antes de comer   estado emocional: _____
Nivel de hambre . . . . [   ] _____
Nivel de parloteo mental . [   ] _____
Nivel de claridad . . . . [   ] _____

Después de comer   estado emocional: _____
Nivel de hambre . . . . [   ] _____
Nivel de parloteo mental . [   ] _____
Nivel de claridad . . . . [   ] _____

Tentempié: _____

Antes de comer   estado emocional: _____
Nivel de hambre . . . . [   ] _____
Nivel de parloteo mental . [   ] _____
Nivel de claridad . . . . [   ] _____

Después de comer   estado emocional: _____
Nivel de hambre . . . . [   ] _____
Nivel de parloteo mental . [   ] _____
Nivel de claridad . . . . [   ] _____

• •

Cena: _____

Antes de comer   estado emocional: _____
Nivel de hambre . . . . [   ] _____
Nivel de parloteo mental . [   ] _____
Nivel de claridad . . . . [   ] _____

Después de comer   estado emocional: _____
Nivel de hambre . . . . [   ] _____
Nivel de parloteo mental . [   ] _____
Nivel de claridad . . . . [   ] _____

• •

Reflexión:

_____
_____
_____
_____
_____
_____
_____
_____

Día 3

Desayuno: _____

_____

Antes de comer   estado emocional: _____
Nivel de hambre . . . . [   ] _____
Nivel de parloteo mental . [   ] _____
Nivel de claridad . . . . [   ] _____

Después de comer   estado emocional: _____
Nivel de hambre . . . . [   ] _____
Nivel de parloteo mental . [   ] _____
Nivel de claridad . . . . [   ] _____

Tentempié: _____

_____

Antes de comer   estado emocional: _____
Nivel de hambre . . . . [   ] _____
Nivel de parloteo mental . [   ] _____
Nivel de claridad . . . . [   ] _____

Después de comer   estado emocional: _____
Nivel de hambre . . . . [   ] _____
Nivel de parloteo mental . [   ] _____
Nivel de claridad . . . . [   ] _____

Comida: _____

_____

Antes de comer   estado emocional: _____
Nivel de hambre . . . . [   ] _____
Nivel de parloteo mental . [   ] _____
Nivel de claridad . . . . [   ] _____

Después de comer   estado emocional: _____
Nivel de hambre . . . . [   ] _____
Nivel de parloteo mental . [   ] _____
Nivel de claridad . . . . [   ] _____

Tentempié: _____

_____

Antes de comer   estado emocional: _____

Nivel de hambre . . . . [   ] _____

Nivel de parloteo mental . [   ] _____

Nivel de claridad . . . . [   ] _____

Después de comer   estado emocional: _____

Nivel de hambre . . . . [   ] _____

Nivel de parloteo mental . [   ] _____

Nivel de claridad . . . . [   ] _____

• •

Cena: _____

_____

Antes de comer   estado emocional: _____

Nivel de hambre . . . . [   ] _____

Nivel de parloteo mental . [   ] _____

Nivel de claridad . . . . [   ] _____

Después de comer   estado emocional: _____

Nivel de hambre . . . . [   ] _____

Nivel de parloteo mental . [   ] _____

Nivel de claridad . . . . [   ] _____

• •

Reflexión:

_____

_____

_____

_____

_____

_____

_____

_____

Día 4

Desayuno: _____

_____

Antes de comer   estado emocional: _____

Nivel de hambre . . . . [   ] _____

Nivel de parloteo mental . [   ] _____

Nivel de claridad . . . . [   ] _____

Después de comer   estado emocional: _____

Nivel de hambre . . . . [   ] _____

Nivel de parloteo mental . [   ] _____

Nivel de claridad . . . . [   ] _____

Tentempié: _____

_____

Antes de comer   estado emocional: _____

Nivel de hambre . . . . [   ] _____

Nivel de parloteo mental . [   ] _____

Nivel de claridad . . . . [   ] _____

Después de comer   estado emocional: _____

Nivel de hambre . . . . [   ] _____

Nivel de parloteo mental . [   ] _____

Nivel de claridad . . . . [   ] _____

Comida: _____

_____

Antes de comer   estado emocional: _____

Nivel de hambre . . . . [   ] _____

Nivel de parloteo mental . [   ] _____

Nivel de claridad . . . . [   ] _____

Después de comer   estado emocional: _____

Nivel de hambre . . . . [   ] _____

Nivel de parloteo mental . [   ] _____

Nivel de claridad . . . . [   ] _____

Tentempié: _____

_____

Antes de comer   estado emocional: _____
Nivel de hambre . . . . [   ] _____
Nivel de parloteo mental . [   ] _____
Nivel de claridad . . . . [   ] _____

Después de comer   estado emocional: _____
Nivel de hambre . . . . [   ] _____
Nivel de parloteo mental . [   ] _____
Nivel de claridad . . . . [   ] _____

• •

Cena: _____

_____

Antes de comer   estado emocional: _____
Nivel de hambre . . . . [   ] _____
Nivel de parloteo mental . [   ] _____
Nivel de claridad . . . . [   ] _____

Después de comer   estado emocional: _____
Nivel de hambre . . . . [   ] _____
Nivel de parloteo mental . [   ] _____
Nivel de claridad . . . . [   ] _____

• •

Reflexión:

_____
_____
_____
_____
_____
_____
_____
_____

Día 5

Desayuno: _____

_____

Antes de comer   estado emocional: _____
Nivel de hambre . . . . [   ] _____
Nivel de parloteo mental . [   ] _____
Nivel de claridad . . . . [   ] _____

Después de comer   estado emocional: _____
Nivel de hambre . . . . [   ] _____
Nivel de parloteo mental . [   ] _____
Nivel de claridad . . . . [   ] _____

Tentempié: _____

_____

Antes de comer   estado emocional: _____
Nivel de hambre . . . . [   ] _____
Nivel de parloteo mental . [   ] _____
Nivel de claridad . . . . [   ] _____

Después de comer   estado emocional: _____
Nivel de hambre . . . . [   ] _____
Nivel de parloteo mental . [   ] _____
Nivel de claridad . . . . [   ] _____

Comida: _____

_____

Antes de comer   estado emocional: _____
Nivel de hambre . . . . [   ] _____
Nivel de parloteo mental . [   ] _____
Nivel de claridad . . . . [   ] _____

Después de comer   estado emocional: _____
Nivel de hambre . . . . [   ] _____
Nivel de parloteo mental . [   ] _____
Nivel de claridad . . . . [   ] _____

Tentempié: _____

_____

Antes de comer   estado emocional: _____
Nivel de hambre . . . . [   ] _____
Nivel de parloteo mental . [   ] _____
Nivel de claridad . . . . . . [   ] _____

Después de comer   estado emocional: _____
Nivel de hambre . . . . [   ] _____
Nivel de parloteo mental . [   ] _____
Nivel de claridad . . . . . . [   ] _____

• •

Cena: _____

_____

Antes de comer   estado emocional: _____
Nivel de hambre . . . . [   ] _____
Nivel de parloteo mental . [   ] _____
Nivel de claridad . . . . . . [   ] _____

Después de comer   estado emocional: _____
Nivel de hambre . . . . [   ] _____
Nivel de parloteo mental . [   ] _____
Nivel de claridad . . . . . . [   ] _____

• •

Reflexión:

_____
_____
_____
_____
_____
_____
_____
_____

Día 6

. . . .

Desayuno: _____

_____

Antes de comer   estado emocional: _____

Nivel de hambre . . . . [   ] _____

Nivel de parloteo mental . [   ] _____

Nivel de claridad . . . . [   ] _____

Después de comer   estado emocional: _____

Nivel de hambre . . . . [   ] _____

Nivel de parloteo mental . [   ] _____

Nivel de claridad . . . . [   ] _____

. . . .

Tentempié: _____

_____

Antes de comer   estado emocional: _____

Nivel de hambre . . . . [   ] _____

Nivel de parloteo mental . [   ] _____

Nivel de claridad . . . . [   ] _____

Después de comer   estado emocional: _____

Nivel de hambre . . . . [   ] _____

Nivel de parloteo mental . [   ] _____

Nivel de claridad . . . . [   ] _____

. . . .

Comida: _____

_____

Antes de comer   estado emocional: _____

Nivel de hambre . . . . [   ] _____

Nivel de parloteo mental . [   ] _____

Nivel de claridad . . . . [   ] _____

Después de comer   estado emocional: _____

Nivel de hambre . . . . [   ] _____

Nivel de parloteo mental . [   ] _____

Nivel de claridad . . . . [   ] _____

Tentempié: _____

_____

Antes de comer   estado emocional: _____
Nivel de hambre . . . . [   ] _____
Nivel de parloteo mental . [   ] _____
Nivel de claridad . . . . [   ] _____

Después de comer   estado emocional: _____
Nivel de hambre . . . . [   ] _____
Nivel de parloteo mental . [   ] _____
Nivel de claridad . . . . [   ] _____

• •

Cena: _____

_____

Antes de comer   estado emocional: _____
Nivel de hambre . . . . [   ] _____
Nivel de parloteo mental . [   ] _____
Nivel de claridad . . . . [   ] _____

Después de comer   estado emocional: _____
Nivel de hambre . . . . [   ] _____
Nivel de parloteo mental . [   ] _____
Nivel de claridad . . . . [   ] _____

• •

Reflexión:

_____
_____
_____
_____
_____
_____
_____
_____

Día 7

• •

Desayuno: _____

_____

Antes de comer   estado emocional: _____
Nivel de hambre . . . . [   ] _____
Nivel de parloteo mental . [   ] _____
Nivel de claridad . . . . [   ] _____

Después de comer   estado emocional: _____
Nivel de hambre . . . . [   ] _____
Nivel de parloteo mental . [   ] _____
Nivel de claridad . . . . [   ] _____

• •

Tentempié: _____

_____

Antes de comer   estado emocional: _____
Nivel de hambre . . . . [   ] _____
Nivel de parloteo mental . [   ] _____
Nivel de claridad . . . . [   ] _____

Después de comer   estado emocional: _____
Nivel de hambre . . . . [   ] _____
Nivel de parloteo mental . [   ] _____
Nivel de claridad . . . . [   ] _____

• •

Comida: _____

_____

Antes de comer   estado emocional: _____
Nivel de hambre . . . . [   ] _____
Nivel de parloteo mental . [   ] _____
Nivel de claridad . . . . [   ] _____

Después de comer   estado emocional: _____
Nivel de hambre . . . . [   ] _____
Nivel de parloteo mental . [   ] _____
Nivel de claridad . . . . [   ] _____

Tentempié: _____

_____

Antes de comer   estado emocional: _____
Nivel de hambre . . . . [   ] _____
Nivel de parloteo mental . [   ] _____
Nivel de claridad . . . . [   ] _____

Después de comer   estado emocional: _____
Nivel de hambre . . . . [   ] _____
Nivel de parloteo mental . [   ] _____
Nivel de claridad . . . . [   ] _____

• •

Cena: _____

_____

Antes de comer   estado emocional: _____
Nivel de hambre . . . . [   ] _____
Nivel de parloteo mental . [   ] _____
Nivel de claridad . . . . [   ] _____

Después de comer   estado emocional: _____
Nivel de hambre . . . . [   ] _____
Nivel de parloteo mental . [   ] _____
Nivel de claridad . . . . [   ] _____

• •

Reflexión:

_____
_____
_____
_____
_____
_____
_____
_____

Día 8

Desayuno: _____

_____

Antes de comer   estado emocional: _____
Nivel de hambre . . . . [   ] _____
Nivel de parloteo mental . [   ] _____
Nivel de claridad . . . . [   ] _____

Después de comer   estado emocional: _____
Nivel de hambre . . . . [   ] _____
Nivel de parloteo mental . [   ] _____
Nivel de claridad . . . . [   ] _____

Tentempié: _____

_____

Antes de comer   estado emocional: _____
Nivel de hambre . . . . [   ] _____
Nivel de parloteo mental . [   ] _____
Nivel de claridad . . . . [   ] _____

Después de comer   estado emocional: _____
Nivel de hambre . . . . [   ] _____
Nivel de parloteo mental . [   ] _____
Nivel de claridad . . . . [   ] _____

Comida: _____

_____

Antes de comer   estado emocional: _____
Nivel de hambre . . . . [   ] _____
Nivel de parloteo mental . [   ] _____
Nivel de claridad . . . . [   ] _____

Después de comer   estado emocional: _____
Nivel de hambre . . . . [   ] _____
Nivel de parloteo mental . [   ] _____
Nivel de claridad . . . . [   ] _____

Tentempié: _____

Antes de comer	estado emocional: _____
Nivel de hambre . . . . [ ]	_____
Nivel de parloteo mental . [ ]	_____
Nivel de claridad . . . . [ ]	_____

Después de comer	estado emocional: _____
Nivel de hambre . . . . [ ]	_____
Nivel de parloteo mental . [ ]	_____
Nivel de claridad . . . . [ ]	_____

• •

Cena: _____

Antes de comer	estado emocional: _____
Nivel de hambre . . . . [ ]	_____
Nivel de parloteo mental . [ ]	_____
Nivel de claridad . . . . [ ]	_____

Después de comer	estado emocional: _____
Nivel de hambre . . . . [ ]	_____
Nivel de parloteo mental . [ ]	_____
Nivel de claridad . . . . [ ]	_____

• •

Reflexión:

_____

_____

_____

_____

_____

_____

_____

Día 9

. . . .

Desayuno: _____

_____

Antes de comer   estado emocional: _____
Nivel de hambre . . . . [   ] _____
Nivel de parloteo mental . [   ] _____
Nivel de claridad . . . . [   ] _____

Después de comer   estado emocional: _____
Nivel de hambre . . . . [   ] _____
Nivel de parloteo mental . [   ] _____
Nivel de claridad . . . . [   ] _____

. . . .

Tentempié: _____

_____

Antes de comer   estado emocional: _____
Nivel de hambre . . . . [   ] _____
Nivel de parloteo mental . [   ] _____
Nivel de claridad . . . . [   ] _____

Después de comer   estado emocional: _____
Nivel de hambre . . . . [   ] _____
Nivel de parloteo mental . [   ] _____
Nivel de claridad . . . . [   ] _____

. . . .

Comida: _____

_____

Antes de comer   estado emocional: _____
Nivel de hambre . . . . [   ] _____
Nivel de parloteo mental . [   ] _____
Nivel de claridad . . . . [   ] _____

Después de comer   estado emocional: _____
Nivel de hambre . . . . [   ] _____
Nivel de parloteo mental . [   ] _____
Nivel de claridad . . . . [   ] _____

Tentempié: _____

_____

Antes de comer   estado emocional: _____

Nivel de hambre . . . . [   ] _____

Nivel de parloteo mental . [   ] _____

Nivel de claridad . . . . . . [   ] _____

Después de comer   estado emocional: _____

Nivel de hambre . . . . [   ] _____

Nivel de parloteo mental . [   ] _____

Nivel de claridad . . . . . . [   ] _____

• •

Cena: _____

_____

Antes de comer   estado emocional: _____

Nivel de hambre . . . . [   ] _____

Nivel de parloteo mental . [   ] _____

Nivel de claridad . . . . . . [   ] _____

Después de comer   estado emocional: _____

Nivel de hambre . . . . [   ] _____

Nivel de parloteo mental . [   ] _____

Nivel de claridad . . . . . . [   ] _____

• •

Reflexión:

_____

_____

_____

_____

_____

_____

_____

_____

Día 10

. . . .

Desayuno: _____

_____

Antes de comer   estado emocional: _____
Nivel de hambre . . . . [   ] _____
Nivel de parloteo mental . [   ] _____
Nivel de claridad . . . . [   ] _____

Después de comer   estado emocional: _____
Nivel de hambre . . . . [   ] _____
Nivel de parloteo mental . [   ] _____
Nivel de claridad . . . . [   ] _____

. . . .

Tentempié: _____

_____

Antes de comer   estado emocional: _____
Nivel de hambre . . . . [   ] _____
Nivel de parloteo mental . [   ] _____
Nivel de claridad . . . . [   ] _____

Después de comer   estado emocional: _____
Nivel de hambre . . . . [   ] _____
Nivel de parloteo mental . [   ] _____
Nivel de claridad . . . . [   ] _____

. . . .

Comida: _____

_____

Antes de comer   estado emocional: _____
Nivel de hambre . . . . [   ] _____
Nivel de parloteo mental . [   ] _____
Nivel de claridad . . . . [   ] _____

Después de comer   estado emocional: _____
Nivel de hambre . . . . [   ] _____
Nivel de parloteo mental . [   ] _____
Nivel de claridad . . . . [   ] _____

Tentempié: _____

_____

Antes de comer	estado emocional: _____
Nivel de hambre . . . . [   ] _____
Nivel de parloteo mental . [   ] _____
Nivel de claridad . . . . [   ] _____

Después de comer	estado emocional: _____
Nivel de hambre . . . . [   ] _____
Nivel de parloteo mental . [   ] _____
Nivel de claridad . . . . [   ] _____

• •

Cena: _____

_____

Antes de comer	estado emocional: _____
Nivel de hambre . . . . [   ] _____
Nivel de parloteo mental . [   ] _____
Nivel de claridad . . . . [.] _____

Después de comer	estado emocional: _____
Nivel de hambre . . . . [   ] _____
Nivel de parloteo mental . [   ] _____
Nivel de claridad . . . . [   ] _____

• •

Reflexión:

_____

_____

_____

_____

_____

_____

_____

_____

CAPÍTULO 10

Guía práctica de nutrición de Headspace

Nociones básicas

¿Recuerdas esa pirámide de alimentos que ofrece una guía rápida y fácil de los diferentes tipos de alimentos que debemos comer? Puede que algunos de vosotros incluso tengáis una copia en la puerta del frigorífico. Esta pirámide fue (y sigue siendo aún para muchos) una manera de estandarizar las recomendaciones nutricionales generales, de reducir la confusión y de favorecer opciones de alimentación saludables. Las cosas han cambiado un poco desde que se diseñó esta pirámide, aunque la mayor parte de las recomendaciones siguen siendo acertadas. Una vez más me gustaría subrayar que la Dieta *Mindfulness* no es una dieta prescriptiva, pero si el pensar en seguir una dieta de 10 días sin directrices nutricionales te produce sudores fríos, aquí tienes una versión adaptada de la pirámide alimentaria, que explica cuáles son los principales grupos de alimentos y ofrece algunos ejemplos y sugerencias para cada grupo.

En Headspace hemos optado (con el asesoramiento de nuestro consultor en dietética) por combinar los grupos de alimentos básicos y las unidades nutricionales constituyentes para crear siete grupos distintos, de la manera siguiente: carbohidratos (almidones), carbohidratos (azúcares), grasas (saludables), grasas (no saludables), proteínas, verduras y frutas. Evidentemente la cantidad que cada individuo necesitará comer para mantener o alcanzar un peso saludable dependerá de tu talla y de tu peso, de modo que estas recomendaciones deben considerarse realmente como una guía muy básica. Además (y aquí viene el obligado descargo de responsabilidades), si estás embarazada o estás amamantando a tu bebé, si tienes algún trastorno médico, alergias o intolerancias o si eres menor de dos años (enhorabuena por tu habilidad lectora), deberías consultar al médico para asegurarte de que tus necesidades nutricionales se ven plenamente satisfechas. Dicho esto he aquí cómo nuestro experto científico ha distribuido las categorías, así como unos ejemplos que encajan dentro de cada una de ellas (existiendo evidentemente algunos alimentos que entran en más de una categoría), con la idea de conseguir el equilibrio entre los diferentes grupos de alimentos:

1. Carbohidratos (almidones):
   Puedes comer una cantidad moderada (en breve llegarás a las recomendaciones sobre tamaño de raciones).
   Arroz, pasta, patatas, fideos, cebada perlada, trigo búlgaro, sémola de trigo, pan de harina integral, tortillitas de maíz.

2. Verduras:
   Puedes comer tantas como desees.
   Col, zanahorias, remolacha, pimientos, espárragos, guisantes, maíz, apio, espinacas, pepino.

3. Frutas:
   Come una cantidad moderada (a veces, por naturaleza, tienen un alto contenido en azúcar).
   Manzanas, naranjas, kiwi, arándanos, plátanos, uvas, cerezas, frambuesas, albaricoques, ciruelas.

4. Proteínas:
   Probablemente solo necesitarás 2-3 raciones al día.
   Pollo magro, pavo, carne roja*, pescado, tofu, huevos**, leche, yogur natural, frutos secos sin sal, alubias, garbanzos, lentejas.

---

  * Recomendaríamos un máximo de tres raciones de carne roja a la semana.
  ** Aunque es una excelente fuente de proteína, la yema de huevo tiene un contenido graso bastante elevado. Esto no significa que sea mala para ti, pero te recomendamos que no comas más de un huevo al día.

5. Grasas (saludables):

A menudo rechazadas, pero vitales para nuestra salud, solo un par de raciones al día.

Aguacate, aceitunas, pescado azul, nueces, almendras, semillas (calabaza, girasol, linaza, etc.).

6. Carbohidratos (azúcares):

Cómelos bajo tu responsabilidad, plenamente conocedor de las consecuencias.

Helado, bollería, chocolate de baja calidad, galletas, embutido, siropes, refrescos.

7. Grasas (no saludables):

Si pretendes recuperar tu forma física, estos alimentos no te ayudarán.

Mantequilla, queso, nata, margarina, mayonesa, aceite vegetal, galletas, pasteles, patatas fritas.

Unas palabras sobre carbohidratos

Ya sé que la idea de incluir cualquier tipo de carbohidrato en una dieta puede ser motivo de confusión y terror para algunos, pero lee hasta el final. Lo primero que hay que recordar es que no se trata de una dieta temporal, en la que puedes excluir ciertos grupos alimentarios sin sufrir ningún efecto secundario. Tampoco es una dieta fugaz en la que puedas combatir el aburrimiento que supone comer todos los días los mismos alimentos diciéndote a ti mismo que el final de la dieta está ya a la vista. Lo que aquí te propongo es una forma nueva de comer, para el resto de tu vida, de modo que excluir alimentos no ayuda, no es práctico y tampoco saludable. Por otro lado, existen muchos malentendidos a propósito de los carbohidratos.

En primer lugar, existen dos tipos de carbohidratos: la variedad de almidones y la de azúcares. La primera variedad es la que recomiendo sobre una base diaria, aunque una pequeña cantidad de carbohidratos de la segunda variedad de vez en cuando tampoco va a hacerte mucho daño. Ahora bien, aunque los almidones aparezcan todos incluidos en un mismo grupo, no son iguales. Probablemente ya habrás oído hablar del índice glucémico (IG), que ofrece una valoración de los carbohidratos en función de la cantidad de «azúcares simples» que contienen. Esto significa que un gofre, que tiene un valor de IG bastante alto, liberará bastante rápidamente azúcares (la energía de los alimentos) a tu torrente sanguíneo, mientras que una ración de arroz integral, cuyo IG es bastante más bajo, tardará más tiempo en liberar su energía a tu sangre.

Por ello, los alimentos con IG elevado tienden a dar lugar a un «pico de azúcar en sangre», seguido rápidamente de un «mínimo de azúcar en sangre». Esta «caída» puede ser la causa de que, en ocasiones, te sientas algo aletargado y soñoliento —y posiblemente más propenso a picar algo dulce para «animarte»—. Por otro lado, los alimentos con IG bajo ayudan a mantener niveles estables de azúcar en sangre, lo cual proporciona una sensación más equilibrada y reduce la propensión a picar alimentos no saludables. De modo que las directrices generales son que, cuando estés eligiendo tus carbohidratos del grupo de los almidones, optes por aquellos que tienen el IG más bajo. Puedes encontrar a continuación algunos ejemplos, con una puntuación aproximada detrás de cada uno para que puedas hacerte una idea de cómo es la escala.

Ejemplos de valores de IG

Espárragos (10)	Tomates (15)
Cebada perlada (25)	Leche de soja (30)
Manzana (35)	Espaguetis (40)
Macarrones (45)	Harina de avena (50)
Arroz integral (55)	Muffins de salvado (60)
Uvas pasas (65)	Pan blanco (70)
Patatas fritas (75)	Gominolas (80)
Copos de maíz (85)	Arroz refinado instantáneo (90)
Dátiles secos (100)	

Hagas lo que hagas, por favor no sigas sin pensar al rebaño y no evites totalmente los carbohidratos. Representan uno de los grupos de unidades nutricionales esenciales para una buena salud y son necesarios para el organismo. Hay países cuya población come poco más que carbohidratos naturales y aun así no tiende en absoluto al sobrepeso. Todo depende de lo que comas, de cuánto comas y de con qué lo acompañes. ¿Engordarás si comes muchos donuts? Posiblemente sí. ¿Engordarás si comes mucho arroz integral? Seguramente no. Por supuesto, si añades siempre chuletas de cerdo, queso fundido y salsa a este mismo arroz, entonces la ecuación será distinta. De igual modo, es poco probable que un pan de buena calidad te haga engordar. Pero si añades capas de mantequilla y mermelada y comes esto día y noche, entonces las cosas empezarán a tomar un cariz diferente. Si quieres eliminar de tu dieta los carbohidratos refinados, elaborados y con azúcares, entonces, por favor, ven a comer conmigo. Pero hagas lo que hagas, no renuncies a las formas naturales y sanas de los carbohidratos del grupo de los almidones, que tienen un IG bajo y que en última instancia te ayudarán a alcanzar tu figura, tu peso y tu talla ideales.

Vitaminas y minerales, el ingrediente ausente

Es posible que esperaras ver vitaminas y minerales incluidos entre los principales grupos de alimentos, pero la verdad es que, si sigues una dieta completa, con mucha fruta y verdura fresca y alimentos naturales, probablemente estarás ingiriendo todas las vitaminas y todos los minerales que necesitas. Por otro lado, cuando se entra en los pequeños detalles de la nutrición, también existe cierta tendencia a dar demasiadas vueltas a las cosas: ¿Estoy comiendo suficiente vitamina A?, ¿cuáles son en estos momentos mis niveles de calcio?, ¿necesitaría aumentar mi ingesta de ácido fólico? Recuerda que la técnica de comer de forma consciente te ofrece la oportunidad de desprenderte de esta forma obsesiva de pensar (sin caer en la irresponsabilidad, por supuesto). Aun así, por si no estás seguro o si tienes curiosidad, te ofrecemos a continuación un breve repaso de las vitaminas y de los minerales más importantes, junto a los cuales podrás encontrar algunos de los efectos beneficiosos que tienen si se consumen en las cantidades adecuadas.

Vitaminas

- **Vitamina C:** excelente para mantener la salud de tu sistema inmunitario, y para absorber el hierro.
  Cítricos, tomates, fresas, patatas, brécol, col.

- **Vitamina B_1:** ayuda a producir energía para la vida diaria.
  Carne, cereales integrales, leche, alubias.

- **Niacina:** de gran interés, al contribuir a la descomposición de las grasas.
  Mantequilla de cacahuete, cereales integrales, verduras de hoja verde, carne, aves de corral, pescado.

- **Vitamina B_6:** otro eslabón más en la cadena para la producción de energía.
  Cereales integrales, plátanos, carne, espinacas, col, habas.

- **Ácido fólico:** vital para la regeneración de las células en todo el organismo.
  Verduras de hoja verde, setas, hígado.

- **Vitamina B_{12}:** aspecto algo más sonrosado; ayuda a producir los glóbulos rojos de la sangre.
  Alimentos de origen animal (es decir, carne y productos de origen animal, incluidos los lácteos).

- **Vitamina A:** excelente para los ojos e incluso mejor aún para tu piel.
  Leche, yema de huevo, hígado, yogur, zanahorias, verduras de hoja verde, albaricoques.

- **Vitamina D:** contribuye a la absorción del calcio, manteniendo los huesos más fuertes.
  Luz solar, productos lácteos enriquecidos, huevos, pescado.

- **Vitamina E:** es un valioso antioxidante, un multiusos.
  Aceites vegetales, margarina, cereales.

- **Vitamina K:** participa en la coagulación de la sangre, mucho mejor que un apósito.
  Verduras de hoja verde, hígado.

Minerales

- **Potasio:** mantiene el movimiento muscular, de modo que es vital para el ejercicio físico.
  Albaricoques, melón cantalupo, patatas, frutos secos, carnes y otros alimentos proteicos.

- **Calcio:** vela por los huesos y las articulaciones y, por tanto, nos mantiene en movimiento.
  Productos lácteos, salmón, almendras, verduras de hoja verde, alimentos enriquecidos con calcio, soja.

- **Ácido fólico:** ¿Qué hace? Es especialmente importante para las mujeres embarazadas y los bebés.
  Espinacas, lentejas, espárragos.

- **Cobre:** no solo es bueno para la sangre, sino que también ayuda a producir energía.
  Kiwi, habas, la mayoría de los alimentos proteicos, la mayor parte de los frutos secos, la mayor parte de las alubias.

- **Hierro:** adiós a la anemia, pues el hierro es imprescindible para producir hematíes.
  Uvas pasas, carne de vacuno, sardinas, la mayoría de los frutos secos, judías verdes, calabaza, albaricoques.

- **Yodo:** mantiene a punto el índice metabólico basal, de modo que es vital.
  Frutas, frutos secos y verduras cultivadas en suelos ricos en yodo.

- **Magnesio:** aporta a tu vida algo de calma y relajación, tan necesarias.

  Aguacate, alcachofa, guisantes, frutos secos, la mayoría de las legumbres.

- **Manganeso:** ayuda a mantener estables tus niveles de azúcar en sangre.

  Plátano, berza, alforfón, huevo, la mayoría de las legumbres.

- **Fósforo:** es esencial para el crecimiento y la renovación de las células tisulares.

  Dátiles, calabaza, nuez del Brasil, avena, atún, la mayoría de las legumbres.

- **Selenio:** otro valioso antioxidante que protege el cuerpo frente a los radicales libres.

  Granadilla, coles de Bruselas, centeno, carnes y otros alimentos proteicos.

- **Cinc:** te ayuda a estar en forma y a tener buen aspecto –es excelente para la piel

  Granada, espárrago, semillas de calabaza, carnes y otros alimentos proteicos, la mayoría de las legumbres.

No es más que un breve resumen, pero ojalá que la información nutricional de este capítulo te proporcione mayor confianza a la hora de elegir los alimentos que mejor pueden ayudarte a conseguir tus objetivos y que te permitan mantenerte bien de salud y en buena forma física. Para ayudarte a recordarlo todo, he elaborado la siguiente lista Top 10 de consejos de nutrición de la *Dieta Mindfulness* con el método Headspace. Incluye los aspectos más importantes que se comentan en este capítulo y ofrece además indicaciones y consejos para establecer un cambio positivo y sostenible en lo referente a tus hábitos de alimentación. No hay reglas, sino simplemente información y orientación que, incorporadas a tu vida, te ayudarán a encontrar un lugar de satisfacción exterior y de complacencia interior.

Top 10: consejos de nutrición de la Dieta *Mindfulness*

1. **Escoge alimentos naturales, que nos estén elaborados ni refinados, siempre que sea posible.**

   Y si además no tienen aditivos, conservantes y ni cualquier otro ingrediente artificial, mejor que mejor.

   Consejo: ¡Cuidado con sales, azúcares, grasas y números «E» ocultos!

2. **Escoge frutas y verduras de colores vivos u oscuros, siempre que sea posible.**

   Estos alimentos contienen gran cantidad de nutrientes de calidad y son ricos en vitaminas y minerales. Procura comer más verduras que fruta y evita cocinarlas en exceso.

   Consejo: ¡Cuidado con las bolsas de verduras ya preparadas: pueden tener menor valor nutricional!

3. **Elige carbohidratos del grupo de los almidones que tengan un valor bajo de IG, siempre que sea posible.**

   Esto te ayudará no solo a regular tu ingesta calórica (sin tener que pensar en ello), sino también a prevenir esas subidas y bajadas de azúcar que son la causa de que piques entre horas.

   Consejo: ¡Cuidado con las variedades elaboradas de estos alimentos, pues su IG es más alto!

4. **Elige alimentos de base proteica que sean magros y saludables, siempre que sea posible.**

   Puedes buscar un corte de carne más magro, sustituir la carne por pescado de vez en cuando o elegir una de las numerosas opciones de proteínas de origen vegetal.

   Consejo: ¡Cuidado con la grasa visible de la carne y elimínala antes de cocinarla!

5. Elige grasas insaturadas de origen vegetal, siempre que sea posible.

No todas las grasas son iguales y muchas personas cometen el
error de tratar de eliminarlas todas de su dieta. Sin embargo, algunas grasas son esenciales. Solo asegúrate de que estás tomando el
tipo adecuado.

Consejo: ¡Cuidado con los aliños de ensalada y con las salsas y
las cremas untables!

6. Elige alimentos normales con toda su grasa, en lugar de las variedades bajas en grasas, siempre que sea posible.

Los alimentos diseñados para perder peso resultan a menudo
tan insípidos cuando se les ha quitado la grasa que la única manera
de que sean comestibles es añadiendo grandes cantidades de azúcar
y aditivos.

Consejo: Cuidado con los envases en los que se lee «bajo en
grasas». ¡Bajo en grasas no significa bajo en calorías!

7. Opta por evitar los subidones de azúcar, siempre que sea posible.

Disfrutar de algo dulce de vez en cuando es uno de los auténti-
cos placeres de la vida, pero el azúcar, consumido en grandes cantidades y de forma regular, conduce a la aparición de todo tipo de
problemas.

Consejo: ¡Cuidado con las mermeladas, la miel refinada, los
cereales azucarados, los tés y cafés con azúcar!

8. Opta por evitar alimentos con alto contenido de sal, siempre que
sea posible.

Esto no significa que no añadas sal a tus comidas, sino solo que
aprendas a distinguir cuánta sal contienen los alimentos que compras ya preparados —como panes, frutos secos, patatas fritas, alimentos ahumados, salsas y similares.

Consejo: ¡Cuidado con la sal oculta en los sándwiches que compras por la calle!

9. Opta por beber mucha agua diariamente, siempre que sea posible.

No es necesario cargar con una botella vayas donde vayas, pero procura beber alrededor de dos litros de agua al día si puedes. El agua puede proceder también de la fruta o de infusiones.

Consejo: ¡Cuidado con el consumo de café fuerte, que puede afectar negativamente a tu cuerpo!

10. Opta por seguir una dieta variada y de temporada, siempre que sea posible.

Debemos seguir una alimentación que sea muy variada, que nos proporcione las vitaminas y los minerales necesarios, para sentirnos motivados en relación con la comida y para reducir el riesgo de desarrollo de intolerancias.

Consejo: ¡Cuidado con las viejas rutinas! Ve rotando cereales, carnes, pescados, frutas y verduras con regularidad.

Ah, y un apunte adicional para aquellos de vosotros que consumáis más alcohol del recomendado en general... Recuerda que no se trata solo de lo que el alcohol le está haciendo a tu hígado (o a tu mente), sino también a tu línea. La mayor parte de las bebidas alcohólicas tienen un elevado contenido en azúcar, que aporta al organismo un exceso enorme de calorías, pero sin valor nutricional alguno.

El tamaño de las raciones

No se puede dar por terminado este capítulo sobre consejos nutricionales sin mencionar el asunto del tamaño de las raciones. Porque, aunque no encaje demasiado bien en la cultura de buscar culpables que esta sociedad ha desarrollado en relación con la comida, existe una escuela de pensamiento que parece sugerir que ningún alimento es malo en sí mismo —es la manera en la que decides consumirlo y la cantidad que decides consumir lo que crea la posibilidad de daño—.

Se trata de una idea interesante y, dentro del marco de la técnica de comer de forma consciente, es una importante puntualización que merece la pena realizar. Sin embargo, también pone en el punto de mira el tamaño de las raciones. No hay duda de que la tendencia creciente a consumir raciones de gran tamaño está teniendo un impacto radical sobre el número de individuos obesos y con sobrepeso en el mundo. Pero entonces ¿cuánto es demasiado?

Si quieres seguir las directrices generales recomendadas, los tamaños de las diferentes raciones deberían ser aproximadamente los siguientes:

Carbohidratos (almidones)

1 ración = 1 rebanada de pan, ½ taza de pasta o arroz cocido o 30 g de cereales de desayuno.

Verduras

1 ración = ½ taza de zanahorias crudas, 1 taza de col cruda o ½ taza de tomate fresco.

Frutas

1 ración = 1 rodaja de melón fresco, ½ taza de fruta en conserva o ¼ taza de frutos secos.

Proteínas

1 ración = 70-85 g de carne magra, ave de corral o pescado, ya cocinados, ½ taza de judías cocinadas o 1 huevo.

Grasas (saludables)

1 ración = 1/8 de un aguacate, 1 cucharadita de aceite de oliva o 30 g de almendras.

Carbohidratos (azúcares)

1 ración = ½ taza de uvas pasas, 1 higo fresco grande o 4 cucharaditas de mermelada.

Grasas (no saludables)

1 ración = 1 cucharadita de mantequilla, 1 cucharada de mayonesa o 30 g de queso curado.

Ahora bien, yo no sé tú, pero yo siempre he encontrado estas cantidades bastante sobrias, pues el tamaño de las raciones es mucho, pero que mucho más pequeño que el que suelo ver que se sirve. No conozco a nadie que se atenga a estas raciones. Y ni siquiera he hecho alusión a las minúsculas porciones sugeridas para helados, donuts o chocolate (pero puedes imaginártelas). Una vez más, la cantidad exacta que necesites consumir dependerá de todo un conjunto de factores, incluidos tu peso, tu forma de vida, la cantidad de actividad que realizas, tu edad y tu tipo corporal, por no hablar de tus objetivos de pérdida de peso. Aun así, resulta interesante poner tus propios tamaños de raciones en contexto y ver en qué medida difieren de las recomendaciones oficiales. Por supuesto, está bien darse un capricho de vez en cuando. Algunos pueden incluso decir que es sano hacerlo. Pero recuerda siempre la sencilla ecuación que dice que si la «energía que entra» es superior a la «energía que sale», entonces, esa energía tiene que ir a alguna parte. Y, como bien sabes, el lugar al que suele ir a parar queda más o menos en el estómago o en el trasero.

De modo que ¿por qué sirves, o pides, esas raciones tan grandes? En las últimas décadas se han llevado a cabo numerosos estudios en dicho campo y los científicos han llegado a algunos interesantes descubrimientos. Por ejemplo, en un estudio en el que se redujo el tamaño de las hamburguesas, la gente se daba cuenta inmediatamente y decía que seguía teniendo hambre después de comer. Pero cuando se prepararon esas hamburguesas con más lechuga y sin aplastar, la gente dijo que se sentía llena. Y ello a pesar del hecho de que estaban consumiendo unos cuantos cientos de calorías *menos*. En otro estudio, se añadió más aire a la mezcla de un batido, doblando su volumen. Los individuos que bebieron ese batido no solo consumieron menos comida en su almuerzo, sino que además refirieron sentirse llenos mucho antes. Uno de mis estudios favoritos es el experimento de las palomitas de maíz, que ha sido llevado a cabo por distintos grupos de investigación en todo el mundo. En este experimento, a un grupo de personas se les dieron boles normales de palomitas, mientras que a otros se les dieron raciones gigantes. Ambos grupos habían comido o cenado lo mismo antes del experimento. Como era de esperar, las personas que tenían las raciones más grandes comieron, en general, más palomitas. Pero en algunos estudios, estas personas superaron, de media, el 50 por ciento, a pesar de haber referido previamente el mismo nivel de hambre y de saciedad. Todo esto parece indicar que, si está en el plato, nos lo comemos.

Solo tú puedes decidir cuál es el tamaño adecuado de una ración. Numerosos estudios han encontrado que, reduciendo los tamaños de las raciones apenas un 20 por ciento, el organismo no parece ser capaz de notar la diferencia y, en consecuencia, no protesta. Inténtalo y observa lo que pasa. A continuación encontrarás mis consejos favoritos para establecer y mantener unas raciones de un tamaño saludable, dentro del contexto de una forma consciente de comer.

Guía Headspace para tamaños de raciones

1. Presta atención a tu cuerpo

Antes de servirte una montaña de comida en tu plato, o de abrir la bolsa de tamaño familiar de patatas fritas, tómate un momento para prestar atención a tus necesidades físicas. ¿Tienes hambre? Y si es así, ¿cuánta hambre tienes? Sírvete solo la cantidad de comida necesaria para satisfacer el hambre de tu cuerpo, en lugar de tratar de aplacar el deseo ilimitado de tu mente. Será mucho menos probable que vayas a por más comida que si, simplemente, te sientas con la bolsa de patatas sobre el regazo.

2. Utiliza platos y boles más pequeños

Distintos estudios han puesto de manifiesto que nuestra satisfacción va unida al tamaño «relativo» de las raciones. De modo que, si tenemos un plato muy pequeño lleno a rebosar de comida, nos sentiremos más saciados que si estuviéramos ante un plato grande con una pequeña cantidad —¡incluso si la ración contenida en el plato pequeño es menor!—. Una vajilla nueva puede ser la mejor inversión que hayas hecho nunca.

3. Sé flexible cuando comas fuera de casa

Los menús de los restaurantes suelen estar escritos de un modo que anima a quien los lee a comer (¿y por qué debería ser de otra forma?). Pero no tienes por qué caer en su juego. No hay nada que te obligue a comer un entrante, un plato principal y postre. ¿Por qué no comer un entrante en lugar del plato principal? ¿Y por qué no tomar un té o un café en lugar de postre, para cambiar? Ah, y no temas pedir que te preparen para llevar la comida que haya sobrado.

4. Sirve en la cocina

Cuando comas en casa y vayas a servir la comida, procura emplatar directamente del horno o del fuego, en lugar de hacerlo en la mesa. Si la fuente con la comida excedente queda en la mesa frente a ti mientras estás comiendo, probablemente tu mente vaya a parar a ella. De hecho, diversos estudios han puesto de manifiesto que, en general, se come más deprisa cuando se tiene enfrente la comida sobrante. Cabe pensar que esto se debe a cierto instinto de supervivencia con raíces en el pasado, cuando el ser humano no estaba seguro de cuál sería su siguiente comida.

5. Cuando comas, solamente come

Los tamaños de las raciones están íntimamente ligados al «modo» de comer. Por ejemplo, si te sientas a la mesa con una caja grande de bombones y sin distracciones, estoy casi seguro de que no te acabarás la caja entera. Esto se debe, en parte, a que serás más consciente de tu nivel de hambre, pero también a que probablemente te sentirías tragón, avergonzado o abochornado. Pero si estás viendo la televisión, navegando en la red o enzarzado en alguna otra actividad, esa consciencia puede resultar ahogada.

6. Aprende a qué equivale una ración

Si quieres ser más consciente del tamaño de las raciones o seguir las cantidades recomendadas para ciertos alimentos, puede resultarte muy útil saber y comprender cuáles son las equivalencias de las raciones (que casualmente son bastante distintas de las «raciones servidas», que pueden llegar a ser terriblemente abundantes). Por regla general, una «taza» equivale aproximadamente al tamaño de una pelota de tenis, 85 g de carne tienen más o menos el tamaño de una baraja de cartas y 30 g de queso equivalen aproximadamente al tamaño de una ficha de dominó. Espero que estos mínimos conocimientos eviten que tengas que pesarlo todo.

7. Piensa «poco y a menudo»

Muchas personas comen en exceso en las comidas porque les preocupa que puedan tener hambre más tarde. Pero el cuerpo realmente no funciona de esta manera y, de hecho, comer así lo único que hace es reforzar las bruscas oscilaciones de los niveles de azúcar en sangre, que con toda probabilidad acabarán llevándote hasta la lata de galletas. Procura mantener un nivel estable de azúcar sanguíneo y un nivel moderado de saciedad. Para ello, come pequeñas cantidades durante todo el día (tal y como se recomienda en el plan de 10 días), en lugar de realizar solo un par de comidas absurdamente copiosas.

8. Toma una ensalada como entrante

A menudo consumimos raciones enormes de alimentos muy ricos y con muchas calorías sencillamente porque tenemos hambre. La verdad es que, en tales situaciones, a menudo tenemos tanta hambre que nos comeríamos prácticamente cualquier cosa. Así que sé listo, come un poco de verduras crudas o ensalada para aplacar esa hambre extrema antes de la comida en sí misma; de este modo no sentirás la misma necesidad de atiborrarte de alimentos más fuertes.

9. Bebe un vaso de agua antes de comer

La sensación de sed se confunde a menudo con la sensación de hambre, lo cual significa que a menudo, cuando tenemos sed, vamos en busca de un tentempié. O, si estamos sirviendo una comida, es más probable que nos pongamos en el plato una mayor cantidad. Para estar seguro de que haces caso a las señales correctas, bebe un gran vaso de agua en los 10 a 15 minutos anteriores a la comida. De esta manera tendrás la seguridad de que estás sirviendo solo lo que el cuerpo realmente necesita.

10. Compra con inteligencia

Comprar alimentos en grandes cantidades a menudo permite aprovechar interesantes ofertas y obtener una mejor relación calidad-precio. Sin embargo, has de saber cómo funciona tu mente. Si no eres capaz de repartir (o no lo deseas) el producto en partes más pequeñas cuando llegas a casa, entonces considera la posibilidad de comprar versiones más pequeñas. No podrás obtener la misma relación calidad/ precio, pero párate un momento a pensar cuál es el coste (económico, físico, mental y emocional) de comer en exceso grandes raciones de comida.

CAPÍTULO 11

La alimentación consciente como forma de vida

INHERENTE a la práctica de una alimentación consciente, y al más amplio concepto de *mindfulness* (o atención plena) aplicada a la vida diaria, es la visión de cambio. La técnica *mindfulness* nos recuerda que el cambio es posible, sin importar quiénes seamos, cuál sea nuestro aspecto ni cuál pueda ser nuestra situación actual. Nos recuerda que, si somos capaces de aprender a «estar presentes», a ser conscientes de esta posibilidad en todo momento, entonces tendremos la extraordinaria oportunidad de orientar ese cambio hacia un estilo de vida más sano y feliz. Será un cambio basado en nuestros valores fundamentales y en nuestras más auténticas aspiraciones, y no en una fugaz emoción o en un pensamiento por costumbre. Será un cambio que favorece la salud física, la paz mental y una profunda sensación de aceptación de nosotros mismos, de lo que comemos y de nuestro aspecto. En esto consiste comer de forma consciente y esto es lo que significa estar en forma y mantener la figura, para siempre.

Como he dicho en repetidas ocasiones a lo largo del libro, *Dieta Mindfulness* no pretende ser una «dieta» en el sentido que se le suele dar hoy al término. En efecto, si, por un lado, esta técnica supone sin duda una nueva manera de comer, por otro, es también una nueva manera de *vivir*, de *sentir* y de *ser*. No es algo pasajero, una dieta que adoptas para poder meterte en un modelito para la fiesta del fin de semana próximo (si bien es posible que esto ocurra), sino más bien una manera constante, práctica y factible de tener tu mejor aspecto y de sentirte bien todos los días. En última instancia, significa decir adiós a las modas y tendencias que alientan las dietas yo-yo, decir adiós a los recuentos de calorías, a las continuas visitas a la báscula y a pensar todo el tiempo, sin parar, en comida. Y significa también decir adiós a esa voz crítica y sentenciosa que, en el interior de tu cabeza, nunca se siente satisfecha con tu aspecto. En definitiva, ha llegado el momento de dar la bienvenida a una salud y a una felicidad duraderas y de sentirte bien con tu aspecto.

Lo mejor de esta forma consciente de comer que propone el libro *Dieta Mindfulness* es que te enseña a desarrollar una de felicidad, tranquilidad y satisfacción al *mismo tiempo* que cuidas tu figura, de modo que alcanzar tu peso ideal no te supondrá ningún esfuerzo en comparación con otras dietas pasajeras que hayas probado en el pasado. Me atrevería a decir que puede resultarte incluso divertido. Las decisiones que tomes se basarán en ideas bien definidas, no en una montaña rusa de inestabilidad emocional. Y, gracias a ello, llegarás donde tú quieras llegar.

Comer de forma consciente supone dejar a un lado las culpas y hacerse cargo de la responsabilidad de uno mismo en cuanto a elecciones y toma de decisiones, con sus consecuencias. Si te sientas todos los días a practicar la técnica de «Tómate 10 minutos», te irás familiarizando con lo que significa «estar presente», tener la mente en calma, ver los pensamientos y percibir las sensaciones con claridad. Después estarás mucho mejor equipado para aplicar la misma calma y la misma claridad de mente cuando vayas a elegir, comprar, preparar, cocinar y comer los alimentos que te gustan. Recuerda que la página web de Headspace (www.getsomeheadspace.com) es un magnífico recurso para aprender la técnica, y totalmente gratuito durante los 10 días que dura el plan —todo cuanto tienes que hacer es registrarte—. Y, por supuesto, si te sientes inspirado y quieres aprender más, también puedes hacerlo. Hagas lo que hagas, por favor no infravalores la importancia de esta técnica de entrenamiento de la mente.

Como ya dije en la Introducción, *mindfulness* lleva practicándose miles de años y la técnica de comer de forma consciente casi tanto. Ha sobrevivido tanto tiempo por una sencilla razón: *funciona*. Y ahora las modernas tecnologías y los estudios científicos están demostrándonos exactamente *por qué funciona*. Recuerda que se ha confirmado que *mindfulness* calma el pensamiento (incluidos los pensamientos sobre la comida y sobre el cuerpo), reduce la intensidad y la frecuencia de las emociones (incluidos el deseo de comer y la aversión por el propio cuerpo) y reduce también la incidencia y la gravedad de múltiples síntomas físicos, como cardiopatías, hipertensión arterial, síndrome de intestino irritable e insomnio. Se ha puesto de manifiesto que incluso favorece una actitud amable, comprensiva y de aceptación para con uno mismo. Resulta difícil imaginarse otra técnica cargada de más autenticidad, que prometa tanto y de la que se haya demostrado de forma constante en tantos ensayos clínicos que da buenos resultados.

Esto es solo el comienzo, son los primeros 10 días de algo increíble, de algo que realmente cambiará tu vida. Pero son solo los primeros 10 días. Es una manera totalmente nueva de comer, que sinceramente espero que incorpores a tu vida de forma habitual. Y si lo haces, se convertirá rápidamente en algo natural. No tendrás ni que pensar en ello. Simplemente será *lo que haces*, *cómo eres* y *el modo en el que vives*. Pero será también más que eso. Porque el modo en el que decides vivir tu vida afecta a quienes te rodean. Afecta a tus seres queridos, a tu familia y a tus amigos, que se verán beneficiados por tu buena salud, tu felicidad mental y tu enfoque sano y relajado del acto de comer. Pero también afecta a los no tan allegados, a aquellas personas que intervienen en el cultivo y la producción de los alimentos que decides comer. De hecho, la alimentación consciente nos anima a reflexionar sobre un mundo más amplio, sobre nuestro lugar en él y sobre el equilibrio extraordinariamente delicado de interdependencia que existe. A través del conocimiento de nuestro lugar en ese mundo, *mindfulness* o atención plena nos señala con claridad la dirección que hemos de seguir hacia un estilo de vida más sano y feliz.